アラン・バディウ

ピエール・ブルデュー

ジュディス・バトラー

ジョルジュ・ディディ=ユベルマン

サドリ・キアリ

ジャック・ランシエール

市川崇 訳

人民とはなにか?

Qu'est-ce qu'un peuple?

以文社

"Qu'est-ce qu'un peuple?"
Alan Badiou,Pierre Bourdieu,Judith Butler,George Didi-Huberman,
Sdri Khiari et Jaques Rancière

This book is published in Japan by arrangement with La Fabrique Editions,
through le Bureau des Copyrights Français,Tokyo

人民とはなにか?　目次

装幀＝難波園子

人民とはなにか?

序

「子どもは人民の言葉の通訳である。いや、私は何を言わんとするのか。子どもは人民そのものではないか。子どもは、社会において歪められてしまう前に、その誕生時の真実のありさまにおいて、低俗さも粗暴さも妬みも持たず、不信や嫌悪などをわれわれに吹き込むことのない人民なのだ」[†1]。

このミシュレの言葉は、苦笑を誘いもするだろう。しかし今日、「大衆的な」言葉や「ポピュリストの」演説が口にされるとき、それらは一種の不信や嫌悪を引き起こしはしないだろうか？

この書物の共同執筆計画は、ある不安から生まれている。それは「人民」という言葉が、「共和国」や「世俗性《ライシテ》」といった、今や権力の維持に奉仕するようにその意味が変質してしまった一連の語群に、後戻りできないほどに包摂されてしまうのを目撃することから来る不安である。この書物に集められたすべてのテクストは、その多様性にも拘らず、「人民」という語が解放を目指す運動にしっかりと根ざしたものであることを示そうという共通の意図に貫かれている。

「人民」という語の使用に関する二四の覚え書き

アラン・バディウ

1　例えば、「私たちは人民の意志によって今ここに在る」というフランス革命初期の宣言に対して、われわれは今なお変わることなく敬意を表するだけだとしても、「人民」という語はそれ自体として、進歩主義的な意味を担う名詞ではないとはっきりと認めなくてはならない。今日、ジャン＝リュック・メランション[†1]が「人民／民衆に彼らの場所を！」というポスターを街頭に貼らせているが、それは理解し難いレトリックにすぎない。これと対照的に「人民」という語は、たとえ「人民／民族（Volk）」という語のナチスによる使用が解釈をその方向へ導くとしても、ファシストに帰属する言葉ではない。人びとが至るところでマリーヌ・ルペン[†2]の「ポピュリズム」を非難するとしても、それは語義の混同を維持することにしかならない。真実は、「人民」とは、政治的語彙に属する他の多くの語群と同様、ニュートラルな言葉だということだ。すべては文脈によって決定する。したがってわれわれは、この事実をより近くから検証しなければならない。

2　「人民の／大衆的／ポピュラーな」という形容詞は、より暗示的であり、より積極的な意味を担う。形容詞は名詞を政治化し、弾圧の拒絶と新たな集団の生の輝きとを連接する一種のオーラを名詞に与えようとしていることを確認するためには、「人民委員会」、「民衆運動」、「人民裁判所」、「人民戦線」、「民衆の権力」といった表現、さらに国家のレベルにおいては、「人民解放軍」は言うに及ばず、「人民民主主義」といった表現の意味するところを見るだけで十分であろう。確かに、ある歌手やある政治家が「ポピュラー」であるということは、いかなる価値も持たない統計的指標にすぎない。しかし、ある運動、ある蜂起が「人民によるもの」だということは、これらのエピソードを、そこでは解放が問題となるような歴史の領域に位置づけることである。

3　しかし、「人民」という語が、ある種の形容詞、とりわけアイデンティティや国家に関連する形容詞を伴っているときには、われわれはこの語を警戒すべきだ。

4 もちろんわれわれは、「ベトナム人民の英雄的な解放戦争」といった表現が、正当ではなく、政治的に肯定的ではないような何ものも含んではいないことを知っている。植民地支配の、また他国への許し難い侵略といった文脈では、「解放」という語が、その人民の個別性を特定する形容詞を伴った「人民」という語に、否定し難い解放の色彩をもたらすのだと言えるだろう。それは、帝国主義者の、植民地主義者の陣営では、「異人種」や「野蛮人」といった言葉が用いられ、そうでなければ、「未開の部族」、「民族《エスニー》」、「氏族」を持ち出すことが好まれているだけに一層、解放の輝きを持つだろう。かつては、「人民」という言葉は、征服行為自体によって高揚した征服者にのみ相応しいとされていたのだ。「フランス人民」や「英国人民」は認められるが、アルジェリア人民やベトナム人民はNO！ というわけだ。そしてイスラエル政府にとっては現在もなお、「パレスチナ人民」など同様にあり得ないだろう。民族解放戦争の時代が、自らこそが真の人民だと自認する入植者たちによって「人民」という語の使用が禁じられていた人びとの「人民」という語への権利を、しばしば武力闘争を必要としながら要請することで、「人民＋国家を表す形容詞」を聖別したのだ。

5　しかし、解放の激しい運動の外部で、(人民という) 禁じられた語の簒奪を目指す運動の外部で、「人民＋国家を表す形容詞」はどんな価値を持ち得るだろうか。われわれは、それは実のところ大した価値を持ちはしないと認めなければならない。そしてとりわけ今日、それは疑い得ない。というのも、まさに今日、「プロレタリアートは祖国を持たない」というマルクスの強烈な宣言 (マルクス自身がその根本的性格を認めていたにも拘らず、その宣言は強烈でありながら忘れられたままである) に含まれる真理が、決定的な重要性を帯びるからである。プロレタリアートは、昔から常にノマド (定住の地を持たないもの) であった (農民であった彼らは、耕地での貧しい生活から身を引き剝がされ、資本家の所有する工房に引き入れられたのだから) が、今日かつてないほどにそうであるのだから、なおのこと祖国を持たないのだ。今日彼らは地方の農村から大都市へ移るだけではなく、アフリカやアジアからヨーロッパやアメリカへ向けて、さらにはカメルーンから上海へ、またフィリピンからブラジルへ向けて移住を余儀なくされているのだ。そうであるなら、彼らはいかなる「人民＋国家を表す形容詞」に属しているというのだろうか。階級の未来についての偉大な予言者としてマルクスが第一インターナショナルを組織した時代にも増して今日、労働者たちはインターナショナリズムの生きた「身体」なのであり、そこれこそが、コミュニズムの主観的「身体」[†3]と理解された「プロレタリアート」なるものが存在することのできる領土なのだ。

6 「フランス人民」といった類いの表現や、「人民」という語に何らかのアイデンティティが詰め込まれた他の表現などは、それらの反動が辿る運命に委ね、放棄しよう。実際、それらの表現においては、「フランス人民」という言葉は「国家によって自らをフランス人だと称する権利を授けられた無気力な人びとの集まり」を意味するだけなのだから。われわれは、アルジェリアにおけるフランス軍による侵略戦争の時期に言われた「アルジェリア人民」や、抗日戦争の時期に延安の共産党の拠点から発せられた「中国人民」などのように、アイデンティティが進行中の政治プロセスを指している場合にのみ、「人民+国家を表す形容詞」の組み合わせを受け入れることにしよう。これらの場合には、「人民+形容詞」はもうひとつの「人民+形容詞」に激しく対立するという事実からのみ現実の力を引き出すのだ。後者は、蜂起するものらに「人民」という語へのあらゆる権利を禁止する侵略軍や、「反国家主義的」反抗者の虐殺を望む反動的国家の軍隊を引き連れているのだ。

7 したがって、「人民＋形容詞」は国家の支配下にある惰性的なカテゴリー（現在あらゆる党派の政治家が口にする「フランス人民」のように）であるか、民族解放と呼ばれる状況に結びついた戦争の、あるいは政治プロセスのカテゴリーである。

8 とりわけ議会制民主主義においては、「人民」は実際、国家の権限を支えるカテゴリーとなっている。原子化《アトム》された人間の集合で構成された「人民」は、投票という政治のシミュラークルによって、当選者たちに合法性／正当性という虚構を付与する。それが、「人民主権」、より正確には「フランス人民の主権」だというわけだ。ルソーにおいて主権が、いまだに現実の生きた人民の集合の主権であったとしても（ルソーがイギリスの議会主義を欺瞞だと見なしていたことを思い起こそう）、現代において主権とは、惰性的でアトム化された多様な人びとの世論が持つ主権にすぎず、いかなる真正な政治的主体をも構成しないことは明らかである。代表制による議会政治プロセスの法的な参照項である限りの「人民」とは、国家はその存在を維持し得るし、またそうすべきだということを意味しているにすぎない。

9 それはどんな存在なのか、と人びとは訊ねるだろう。ここでは詳細を検討することなく、われわれの国家はその現実の力を、投票などからではなく、資本が存続する必要性に対する際限のない隷属から、またこの必要性が恒常的に要請する民衆を抑圧する〔antipopulaires〕（「民衆の」という形容詞から派生する明確な緊張関係に含まれる価値をここで強調しよう）諸措置から引き出しているのだと主張しよう。国家はますます公然と、ますます容赦なく、その力をこうした資本の必要性から引き出しているのだ。これによってわれわれの「民主主義的」政府は、彼らがその代表であると主張する「人民」を、言わば資本化された実質に仕立て上げるのだ。もしあなたがたがこのことを信じないなら、もしあなたがたが、トマス・アクィナスのように目に見えるものしか信じないのであれば、オランド大統領を見るだけで十分だろう。

10 しかし、「人民」とは「人民の」という形容詞の進歩主義的美徳を下支えする現実ではないのか。つまり「人民集会」とは、国家を表す形容詞と主権の「民主主義的」法制化が包摂する閉鎖的で国家機構に従属した意味とは異なるもうひとつの意味において、一種の「人民」の表象／代表ではないのか。

11 ここで、人民解放戦争の例を再び取り上げてみよう。この文脈では「ベトナム人民」とは実際、ひとつの国民の例となることを拒否された人民の存在を意味していた。この国民とは、国際政治の舞台上ではひとつの国家を付与された限りでしか存在することができない。したがって、人民がひとつの政治プロセスの指定に参与することができ、政治のカテゴリーとなることができるのは、国家の不在が発揮する遡及効果においてなのだ。問題となっている国家が形成され、正規化され、「国際社会」に登録されるやいなや、その国家が引き合いに出す「人民」は政治的な主体であることをやめるのだ。人民は普遍的な形式によって、国家の形態がどのようなものであろうと、国家がその輪郭を描き出す受動的な群集となるだろう。

12 しかし「人民」はこの受動的な群集のただ中にあって、ある特異性を指し示すことはできないのか。例えばフランスにおける一九三六年六月と一九六八年五月の工場の占拠を伴う大規模なストライキを考察するなら、「人民」、即ち労動者である民衆が、「フランス人民」という表現が名指す憲法に規定される惰性的集合に内在的な一種の例外として顕在化していると言うべきではないだろうか。そう、そのように言うことが可能であり、またそうすべきなのだ。かつて既に、スパルタクス[†4]とその蜂起せる同志たちが、あるいはトゥサン・ルーヴェルチュール[†5]とその白人や黒人の友人たちが、古代ローマや植民地支配下のハイチ島において、真の人民を形成していたと言わなければならない。

13 国家を表す形容詞を充填された「人民」という語の示す危険な惰性態でさえ、国籍や権利の保有者である「人民」に（それに対抗する形式において）内在するある運動によって転覆され得るのだ。「アラブの春」が最高の強度に達し、エジプトのタハリール広場を占拠していた人びとが、「われわれはエジプト人民である」と主張するとき、彼らは何を言わんとしていたのか。彼らの運動、彼らに固有の団結力、スローガンなどが既存の国家的惰性態を免れたひとつの「エジプト人民」を配置すること、それが名付ける国民＝国家がいまだ到来していないからこそ、国家を表す形容詞を積極的に要求する権利を持つ「エジプト人民」を構成することだろう。その来るべき国民＝国家は、ある巨大な政治運動の力動的形態においてのみ存在するのであり、この運動を前に、エジプトを代表すると主張する国家は正当性を欠くのであり、消失すべきだという理由から、彼らは国家を表す形容詞を要求する権利を持つ「エジプト人民」を名乗るのだ。

14　この「エジプト人民」という表現を通じ、われわれは「人民」という言葉がそこで、現行の国家の消滅を含意するひとつの意味を獲得するのだと理解できる。さらには、政治的決断がひとつの広場に（即座にその場で）集まった新たな人民の手に握られるやいなや、「人民」という言葉は国家というものそれ自体の消失という意味を帯びるのだ。大規模な民衆運動のただ中で肯定されるものとは、マルクスがあらゆる革命的政治の究極の目的としていたもの、すなわち国家の衰退の潜在的必然性なのだ。

15　これらすべてのケースの検討を通じ、以下のことが明らかになると主張しよう。選挙制度によって定められる多数者の代表という解釈は、国家の正当性の法的手段による承認によって、人民の国家的惰性態に形態を与えるのだが、そうしたものの代わりに、また同様に、常に半ばコンセンサスにより、半ば強制による専制権力への服従の代わりに、われわれはひとつの前例のない政治の方向付けによって「人民」という語を動態化する、国家から切り離された少数者のグループを手に入れるのだ、と。「人民」という語は新たに、民族解放闘争のそれとはまったく異なったひとつのコンテクストにおいて、ある政治プロセスの主体を意味することが出来るのだ。しかしそれは常に、自らが人民を代表しているなどということではなく、自らが、それ自身の惰性態を破壊し、政治的革新の身体となる限りでの人民そのものだと宣言する、少数者という形態においてなのである。

16 また以下のことにも注意する必要がある。国家から切り離された少数者のグループがその宣言（「われわれは人民、真の人民なのだ」）を有効なものとすることができるのは、彼らを政治的革新の身体にする固有の稠密性や希少性を越えて、幾千もの連絡網や行動によって、生きた民衆の巨大な群集に絶えず結ばれている限りにおいてでしかない、と。特殊であり、特定の役割を担った、「共産党」と名付けられたこの少数者のグループについて語りながら、前世紀に毛沢東はその正当性が常に、彼の目に政治の可能な現実性の根幹と映っていた「大衆の紐帯」と呼ばれるものに結びついていると主張していた。動態化された小グループという意味での人民にあたる〔国家に〕内在的な例外が、真実の人民の過渡的身体であると持続的に自認し得るのは、国家による配置に従属せしめられた惰性態である人民によってその政治的能力を退けられた人びとへ向けて活動を広げながら、広範な大衆のただ中で真実の人民の身体であるという自らの主張を絶えず承認させる限りにおいてでしかない。

17 アラン・バディウ

17 しかし、集まった少数者のグループを動態化させることすらなく、国家によって構成されるままの「主権を有する人民」という装置に実際には内包されることのないものという意味での「人民／民衆」も存在しないだろうか。われわれは存在すると答えるだろう。公的に認められた人民が国家の流儀を真似て「非在」だとみなす、「大衆／人民である人びと」について語る必要がある。われわれはここで、社会的、経済的、国家的意味における客観性というものの境界線上にいるのだ。何世紀ものあいだ、「非在の」民衆とは貧しい農民からなる群集であり、国家が考慮するいわゆる「実在する」社会とは、遺産を相続した貴族／特権階級と成り上がりものから構成されていた。今日、自らに「先進的な」、新また「民主的な」社会という栄誉を付与している社会において、非在の民衆の中核は、新参者であるプロレタリアート、人びとが「移民」と呼ぶものたちから構成されている。彼らの周囲に、非正規雇用の労動者、低所得の従業員、知識人、大都市の郊外に追放され、隔離されたある種の若者たちからなる曖昧な全体が形成されている。この集合が、「公的な人民」が享受する国家の側からの配慮に与る権利を持たない以上、この集合について語るために、「人民」という語を口にするのは正当なことだ。

18 われわれの社会において、公的な人民は「中流階級」という非常に奇妙な名称を付与されていることに注目しよう。あたかも「平均的なもの／中庸」が素晴らしいかのようではないか。つまり、われわれの社会の支配的イデオロギーはアリストテレス的なのだ。アリストテレスは、プラトンの見かけ上の貴族主義に対して、ちょうど中程に位置するものの優越性を設定したのだ。巨大な中流階級の創出が、民主主義的な憲法の避け難い基盤なのだと主張しているのはアリストテレスなのだ。今日、公的権力のプロパガンダを担う新聞（つまり大多数の新聞）が、中国の中流階級が五億人に達し（新聞は陶然として数え上げた）、彼らが新製品を消費し、個人主義的であることを満足げに報じるとき、これらの新聞はそうとは知らずにアリストテレスをなぞっているのだ。新聞の結論は哲学者のそれと同じだ。中国においては、中庸の思想たる民主主義が到来しつつあり、それにとっての人民とは中流階級の満足した人びとの全体であり、資本主義的寡頭政の権力が民主主義的に正当なものだと承認すべく集団を形成しているのだ。

19 中流階級とは、資本主義的寡頭政の「人民」である。

20 こうした観点に立てば、在留資格の正規化申請が拒否され、身分証明書を取得できないマリ人、中国人、モロッコ人、コンゴ人、あるいはタムール人は、寡頭政権力の周囲でコンセンサスを形成する人びとからなる偽の人民から「人民」という語を簒奪すべきものとしてあり、またそうでしかあり得ない限りで、人民の象徴なのである。身分証明書の問題、より一般的にはプロレタリアートである移民に関係する問題をめぐって政治運動を組織するプロセスが、現行のあらゆる進歩的政治にとって主要であるのはこうした理由からである。この政治は、政治的な言葉である「人民」という語を奪い取るべく公的な人民の周縁に生み出される新たな人民を積極的に位置づけるのだ。

21 したがってわれわれは、人民という語の二つの否定的な意味を手にしている。最も明白な最初の意味とは、人種や国籍に関わるタイプの閉鎖的な（つまり虚構の）アイデンティティを詰め込まれたものだ。こうした類いの「人民」の歴史的存在様態は、専制的国家の建設を要請し、この国家は自らを基礎づける虚構を暴力的に存在させるのだ。二つ目の意味はより直接的であり、その柔軟性とそれが維持するコンセンサスによって、巨視的に見るならより有害なものだ。それは、ひとつの「人民」の特定を、正当であり幸福を約束すると想定された国家に従属させる。この国家がそのようなものと想定されるのは、それが可能な場合には経済成長をもたらし、いずれにせよ資本が押し付ける無用な製品を消費する自由を持ち、社会の全般的メカニズムにいかなる影響も及ぼさない限り言いたいことを言う自由を持つ中流階級の存続を可能にしているからだ。

22 そして最後にわれわれは、「人民」という語の二つの肯定的な意味を保持している。ひとつ目のものは、植民地主義的、帝国主義的支配、あるいは侵略者の支配によって、実在しようという企図が否定されるなかで、その歴史的実在の獲得を目指すひとつの人民の形成という意味である。この場合「人民」は、いまだ非在である国家の未来における存在可能性にしたがって存在する。二つ目の意味は、公認の国家が正当だと承認する人民から排除された少数の中核グループを基盤として顕在化するひとつの人民の存在という意味だ。

このような人民は、既存の国家の廃棄という戦略的目的を通じ、その実在を政治的に主張するのだ。

23 したがって「人民」とはひとつの政治的カテゴリーであり、それは権力が存在を禁じている将来創設が望まれる国家の存在の手前に位置づけられるか、あるいは、公認の人民に同時に内的であり、かつ外的であるひとつの新しい人民によって消滅が要請される既存の国家の向こう側に位置づけられるのである。

24 「人民」という言葉は、国家の可能な非在に照らしてのみ肯定的な意味を有するのである。それは、人びとが創設を願う、一つの禁じられた国家であるか、人びとが消滅を願う、一つの既存の国家であるだろう。「人民」とは、民族解放戦争という移行的形式において、あるいはコミュニズムの政治という決定的な形式において、その十全な価値を獲得する言葉なのである。

ピエール・ブルデュー

「大衆的（人民の）」と言ったのですか？

POPULAIRE [popylœr]. 形容詞（12 世紀 populeir, ラテン語 popularis）
◆ **1° Qui appartient au peuple, émane du peuple**［人民に帰属し，人民に由来するもの］. *Gouvernement populaire* **［人民による統治］,「人民による統治下に生きたギリシャの政治家」（モンテスキュー）関連語. Démocratique**［民主的］. *Démocratie populaire* **［人民民主主義］. 民衆の蜂起，デモ. 人民戦線：(共産党、社会党などの）左翼連合. 民衆の群集 .**
◆ **2° Propre au peuple**［民衆に固有のもの］. *Croyance, traditions populaires* **［民間信仰、民衆の伝統］. 民衆の良識. -** 言語学，大衆によって創られ、用いられ、ブルジョワジーや教養のある人々にはほとんど用いられないもの. *Mot, expression populaire* **［俗語，大衆的表現］. 俗ラテン語. 俗語表現，発話，言い回し. ◇ À l'usage du peuple (et qui en émane ou non)**［大衆向けのもの（大衆起源か否かに拘らず)］. *Roman, spectacle populaire* **［大衆小説，演劇］. 大衆歌謡，大衆芸術（関連語. Folklore［民俗的］) - 人, Qui s'adresse au peuple**［大衆に語りかけるもの］「あなたは大衆向け演説家として成功するはずもない」（モーロワ）**◇ Qui se recrute dans le peuple, que fréquente le peuple**［民衆に起源を持ち，民衆が慣れ親しむもの］*Milieux, classes populaires* **［大衆階層，階級］「彼らは新しい方式を見出した。明らかに大衆的な顧客のために働くこと」（ロマン）大衆出身の. 関連語. Plébien**［庶民の］*Bals populaires* **［庶民的ダンスホール］庶民の夕餉 .**
◆ **3° (1559) Qui plaît au peuple, au grand nombre**［民衆，大多数の気に入るもの］*Henri VI était un roi populaire* **［アンリ 4 世は民衆に人気のある王であった］民衆に迎合する措置.「ホフマンはフランスで人気であり，ドイツにおけるより人気がある」（ゴーチエ）**
◆ **4° 名詞（古語）Le populaire**［民衆］**◇ (3° の意味の) 反対語.** ***Impopulaire***

Petit Robert **『プチ・ロベール』(1979)**

「大衆的（人民の）」という魔法の形容詞を含んだ表現は、その内容についての批判的検討を免れている。それは、「大衆／人民」という語に直接、間接に関わる概念についての批判的分析が、その言葉によって指し示された現実に対する象徴的な攻撃に直ちに結びつけられるからであり、したがって、「大衆／人民」の味方をする義務があると感じ、とりわけ望ましい状況において「正義」の擁護[*1]がもたらす利益を確保すべきだと感じる人びとによって、直ちに激しく非難されるからである。「大衆的な言語」という概念についても事情は同じであり、それは、同系列のすべての表現（「大衆文化」、「大衆芸術」や「大衆宗教」など）と同様に、何よりも学校制度が行使する処罰を伴った教え込みや強制の長期間にわたる作用によって、規則に適った正規の国語から排除されたものの全体として、相対的に定義されているに過ぎない。

俗語辞典や常用外フランス語辞典が非常に明確に示しているように、「大衆的」と言われる語彙は、正規の国語辞典から排除される、あるいは否定的な「用例の印」を付けられてのみ収録される語の全体以外ではないのだ。例えば、fam. という印は「くだけたfamilier」の略であり、つまり「話し言葉や少しくだけた書き言葉において日常的に用いられる」という意味である。また pop. は「大衆的 populaire」の略で、つまり「都市部の大衆階層において使われるが、教養ある多くのブルジョワによって拒否され、忌避される」[*2]という意味である。「大衆的な」あるいは「常用外の」言語を、それらが生産される社会状況を忘れることを自らに禁ずるために、今後は pop. と呼ぶことには大いに意義があるだろう。これら「大衆的な」、「常用外の」言語をできるだけ厳密に定義するために、「大衆階層《ミリュー》」という表現に込められた意味、また「日常的」用例というものが意味することを明確にする必要があるだろう。

「庶民階級」や「大衆」、「労動者」といった可変的概念は、人びとが望むままにその参照対象を（とりわけ選挙期間において）広げ、農民や管理職、小規模店舗経営者までをも含めたり、反対にその対象を工場労働者や溶接工（および彼らに共感する代表者）に限定したりできるという事実から、その政治的価値を得ているとすれば、適用範囲が未規定な「大衆階層《ミリュー》」という概念は、各々が自らの利害、偏見、社会的幻想《ファンタズム》に適合させるべく〔投射テストにおけるように〕無意識にその射程を操作し得るという事実から、知的生産行為において、その韜晦の力を引き出している。そのようなわけで、「大衆的言語」の話者を規定することが問題となるとき、正規の辞書からきっぱりと排除されたスラング〔俗語〕の生産や運用において、「猛者たち」†1が決定的な役割を演じる筈だという考えに基づいて、人びとは皆一致して「階層《ミリュー》」のことを考えるのだ。「大衆的」という言葉がほぼ自動的に喚起する、都市部在住の移民出身ではない労働者をその「階層《ミリュー》」に含めることが忘れられることはないが、これに対し、農民はほとんど説明を加えられることなしに、この「階層《ミリュー》」の外部に追い出される（それはおそらく、人びとが農民たち〔の言語〕を、regional〔地方の〕の略号である region. という項目に位置づけるからだろう）。しかし、人びとは小規模店舗経営者、とりわけビストロの主人らを含めるべきかと自問することさえない（どんなものでも内容として含むことのできるこうした概念の最も貴重な機能がそこにある）。大衆についての想像力は彼らを遠ざけようとするが、一方で、その教養や言語について見るなら、彼らは異論の余地もなく、サラリーマンや中間管理職などよりも労働者に近いのだ。いずれにせよ確かなことは、現実の観察などよりもマルセル・カルネの映画によって培われた幻想が、ノスタルジックな転向者たちの瞑想を「民衆」の最も真正な代表者のうちの最も純粋なものへと向かわせ、スペイン人、ポルトガル人、アルジェリア人、モロッコ人、マリ人、セネガル人などの移民たちすべてを早急に排除するということである。*3ところが、人びとはこれら移民たちが、想像上のプロレタリアートの世界などではなく、実際の工場労働者人口において重要な位置を占めていることを知っているのである。

「暗黙の定義」というものがほとんど常に含んでいる部分的一貫性のなかに本来の混乱を見出すためには、「大衆文化」を生産し消費すると見なされている人びとを対象に同様の検討を行なうだけで十分であろう。「大衆言語」の場合には中心的役割を果たしていた「階層《ミリュー》」は、ルンペン・プロレタリアートというカテゴリーと同様にここでは通用しないだろう。一方で、そこに不可避的に含まれる労働者と農民との共存は困難を伴うとはいえ、農民をこのカテゴリーから排除することは自明なことではない。「大衆芸術」について言えば、「大衆芸術、伝統博物館」がそうである「大衆的なもの」のもうひとつの客観化の検討が明らかにしているように、少なくとも近年に至るまで、「大衆」とは、農民や地方の職人たちに限定されて来たのである。「大衆医学」や「民衆の宗教」についてはどのように考えるべきだろうか。この場合、男性や女性の農民を考慮しないことは、「大衆言語」の検討に際して「猛者」たちを除外するのと同様に不可能であろう。

「大衆言語／pop.」を、ひとつの「言語」として扱おうと配慮し（つまり通常「正規の」言語の観察に必要とされる厳密さをもって）、これを記述し、書き取ろうとする言語学者、作家などすべての人びとは、「正規の」言語に最も馴染みのない話し手たちが彼らの内輪のやりとりで用いる日常の話し言葉とはほとんど関係のない、人工物を生産することを余儀なくされる。[*4]「考慮に値するある程度の頻度と継続性」をもって観察される語のみを収録すべきだとする辞書のモデルに従うために、「常用外」仏語辞典の著者たちは専ら書かれたテクストに依拠し、[*5]選別されたデータ群にさらに選別を加えることで、対象となる口語に本質的な変容を被らせるのである。そのために彼らは、通常の発話と、多少とも緊迫した対話とをはっきりと区別している対象となる口語使用の頻度に操作を加えるのだ。[*6]彼らは、庶民階級の口語のように、「文学的」意図を排除しているある口語を書く（それを転写するのでも、録音するのでもなく）ためには、その口語が用いられる状況や、社会環境自体の外部に身を置かなければならないということを、また、「〔口語使用例の〕発見」への配慮や、スタンダードな言語内にも見出されるすべてを排除しようとする選別目的の先入観だけでさえ、その口語使用の頻度の構造を変質させてしまうということを忘れているのだ。

もし、「大衆的」という語と同じ語群に属す諸概念が、それらの一貫性の欠如や、不正確さにも拘らず、あるいはそのおかげで、知識人の言説においてさえ多いに役立つとすれば、それはこれらの概念が、社会的世界を当り前に認識する必要から社会的行動の主体が生み出す混乱した諸表象の網目、その論理が神話的理性の論理でもある網目に強く取り囲まれているからである。社会的世界のヴィジョン、とりわけ他者たちの知覚、彼らの身体的ヘクシス[†2]、彼らの身体の形態と厚み、とりわけ彼らの顔、また彼らの声、彼らの発音や語彙についての知覚は、相互に接続され、部分的に独立した諸対立項にしたがって組織されるのであり、それについてひとは、言語内に、とりわけ対になった形容詞の体系を通して提示され、保存された表現力に富む素材を検証することでイメージすることができるだろう。これら対になった形容詞群を、「正規の」言語の使用者は他者たちを分類し、彼らの質を判断するために用いるのであり、そこでは、支配階級に付与される諸特性を指し示す語は常に、ポジティヴな価値を表現しているのだ。[*7]

社会科学が、社会的世界の日常的認識の学に特権的地位を割り当てるべきだとすれば、それは単に批判的意図のもとで、社会的世界についての思考から、日常の言葉や、それらの言葉が構成する諸対象（「大衆的言語」、「スラング」、「方言」など）を通して、その思考が受け入れる傾向にある諸々の先入見を払拭するためばかりではない。それは同様に、科学がそれに抵抗しながら構築されなければならない（まずそれを客観化しようと努めながら）実用的認識とは、科学が認識することを目指す世界そのものの重要な一部を成しているからである。こうした実用的認識は、社会的行動主体が世界について抱くヴィジョンを生み出すことに貢献し、またそれによりこれら行動主体の行為、とりわけ世界を保存し、変容させることを目指す行為を導きながら、この世界の構成に役立つのである。このようにして、社会的行動主体が他者たちの反応を先取りし、自らに関する都合の良い表象を押しつける目的で作り出す素朴な社会言語学を対象とする厳密な科学が成立するのであり、それは言語実践における個人または集団の、素朴なあるいは制度化された意図的操作の対象／産物であるものの多くの部分を理解することをとりわけ可能にするのである。こうした意図的操作の例としては（なかでも「ちょっといいですか〔Dites〕」、「…ではないですよね〔ne dites pas...〕」といった形態のあらゆる言語的慣習において）、不完全なまたは誤りであると、あるいはむしろ反対に、価値が高いまたは上品であると認識、再認された言語学的特徴を多少とも意識的に見分けることを通じ、言語学的差異と社会的差異とのあいだの対応関係についての、(「パリ訛り」、「マルセイユ訛り」、「下町訛り」など)言語それ自体に部分的に記録されてもいる実践的認識を基盤として、話し手が自らに課す、あるいは他者たちが家庭や学校において話し手に課すあらゆる「矯正」が挙げられる。*8

「大衆的言語」という概念は、「上部」と「下部」、「洗練されたもの」と「粗雑なもの」あるいは「下品なもの」、「上品さ」と「俗悪さ」、「貴重なもの」と「平凡なもの」、「節度」と「放埒」、要するに「文化」と「自然」などのカテゴリーに従って社会的世界を構造化する二項対立的分類法の適用がもたらした生産物のひとつなのだ。支配者たちがときに気を抜いて用いる話し言葉(fam.)と、(ボーシュやフレーなどの観察者がpop.と仕分けする)支配される者である話者たちの用いる力のこもった話し言葉とのあいだのあらゆる部分的重なり合い、とりわけ「大衆的言語」というネガティヴな分類に大雑把に投げ込まれた話し言葉の極端な多様性を無視し、さまざまな話し言葉が形成する連続性のなかに明確な断絶を導き入れるのは、こうした神話的カテゴリーなのだ。*9 しかし、象徴的支配の一般的効果のひとつである一種の逆説的二重化によって、支配される者たち自身、あるいは少なくとも彼らの一部は、言語に関して一般に通用している諸対立のシステムの基本的構造を彼らの領域において再生産するような（強い／弱い、あるいは服従した、知的／感性的、あるいは官能的、頑固な／軟弱な、あるいは柔軟な、正直な、率直な／ひねくれた、狡猾な、偽の、といった）分割の原則を、彼ら自身の社会的世界に適用することが可能なのだ。[*10] こうした社会的世界が生み出す表象は、男らしさと従順さ、力と弱さ、真の男、「猛者」、「野郎」とそれ以外のものたち、つまり服従や軽蔑を受け入れるものとされた女性、女性的なものなどの対立を通じて、支配的ヴィジョンの本質を反復しているのだ。[*11] 人びとが「大衆的言語」の最たるものに仕立て上げた「スラング」は、「大衆的言語」を生産している分割の原則を、この「大衆的言語」自体に適用するように仕向ける二重化の産物なのだ。適切な言語表現は、そのために譲歩する男たちの男らしさを疑わしいものにする承認や服従[*12]の一形態を含んでいるという漠然とした感情が、他との差異化を可能にする隔たり〔偏り l'écart distinctif〕の積極的探求に結びつく。この隔たりの積極的探求は、オリジナルなスタイルを生むことを可能にし、また「ことさら礼儀正しくすること」の拒否へと導くのであり、この拒否は、とりわけ強く意識された発音や統辞形態など支配的な話し言葉の最も目立った諸様相を投げ捨てるよう促し、同時に、一般に受け入れられた拘束に対する侵犯や、当たり前の表現形態とは異なった表現を用いようという意志に基づいて、豊かな表現力の探求を促すのだ。[13] 言語学的、またはそれ以外の公的な規範に対する侵犯は、支配者、さらには支配それ自体に対する抵抗であるのと少なくとも同程度に、規範に従う「一般的」な被支配者に対する抵抗として行使される。言語学的規範に対する侵犯は、とりわけ思春期の「猛者」たちが他人の目に、また自分たち自身に対して、感情に流されることや、女性的感性が生む弱さに屈することを拒む、何にも動じず、何でもやりかねない「野郎」というイメージを誇示するために果たさなければならない「演劇的作業」、演出の一部を成している。そして実際、たとえこの言語学的規範への侵犯がその実体を露呈することで、際立った特徴や特殊な差異を、アイロニーや嘲笑、パロディーなどによってジェンダーの一般性や生物学的普遍性のうちに解消しようとするすべての被支配者に共通の傾向に遭遇するとしても、この情動的、道徳的、美的諸価値の体系的破壊行為（すべての分析者はそこにスラングに分類される語彙を貫く深い「意図」を認めている）は、ある貴族主義の肯定でもあるのだ。

支配者の目から見てさえ、「卑俗な」言語の卓抜した形態であるスラングは、他との明確な差異化追求の産物であるが、この差異化の追求はやはり被支配者のものであり、その事実からこの差異化の追求はある逆説的効果を生み出さすよう強いられており、「大衆的言語（文化）」についての一般的考察を導く、抵抗か、服従かという二者択一に包摂しようとするなら理解不可能となってしまうのだ。実際、あらゆる被支配者の位置に内在するこの反＝合目的性の効果に気づくためには、神話的ヴィジョンの論理の外に出るだけで十分である。支配を受けた状況の下での差異化の追求が、支配される者たちに、彼らを他から区別するもの、すなわち、彼らがその名において支配され、「卑俗なもの」として彼らが形作られている当のものを肯定するよう仕向けるとき、それは烙印を押されたものたちに、彼らのアイデンティティの原理として烙印を要求するよう促すものと似通った論理に従って成されているのであるが、それを抵抗だと呼ぶべきだろうか。そして反対に、支配される者たちが、彼らを「卑俗だ」と特徴づけるものを手放そうと努め、彼らが支配者たちに同化することを可能にするものを獲得しようと努めるとき、それを服従だと見なすべきなのだろうか。

あらゆる言語の尺度となる「目安」言語と「大衆的言語」を対立させようとする二元論的思考法の影響を避けるためには、あらゆる言語生産のモデルとなるものにたち帰り、言語的ハビトゥス[†3]と交渉の場〔市場 marché〕を持つ、異なった階級間の可能な組み合わせの多様性から生じる話し言葉の極端な多様性という原理を再発見する必要があるだろう。一方で、支配的な交渉の場を構成する制限〔検閲〕を承認する傾向性、あるいは自由な交渉の場が提供する強いられた自由を享受する傾向性という観点から、他方で、すべての交渉の場の要請を満たす可能性という観点から有効だと思われる、ハビトゥスを規定する諸要因のなかから、以下のものを取り上げることができる。(1)性差、つまり可能なさまざまな交渉の場（とりわけ支配的交渉の場）における非常に異なった諸関係の原理。(2)世代、すなわち言語能力の家庭やとりわけ学校における生産様式。(3)社会的位置、労働環境の社会構成とそれが可能にする社会的に同質的（被支配者との）、または異質な（支配者との――例えばサービス業の使用人の場合――）交流という観点からとりわけ特徴付けられる社会的位置。(4)社会的出自、地方出身であるか、あるいは都市部の出身であるか。また後者の場合、古くからの居住者か最近の居住者か。(5)民族的出自。

　正規の話し言葉を受け入れることが含意する服従や従順さに対する最も顕著な拒否が確認されるのは、明らかに男性、なかでも移民家庭出身の青年たちのような、最も若く、現状において、また潜在的に最も不十分に経済・社会秩序に統合されたものたちにおいてである。暴力の崇拝や、オートバイ、アルコール、ドラッグなどのほとんど自己破壊的な遊戯（そこでは、未来に何も期待すべきものを持たない人びとの未来への関係が肯定される）にその到達点を見出すこの力の倫理は、おそらく（強いられた境遇の）必然性から精神的価値を作り出すやりかたの一つに過ぎない。リアリズムや冷笑的態度のあからさまな擁護、女性または女性化されたものの感傷趣味と同一視された感情や感受性の拒否、また賤民の貴族主義ともいうべき絶望的な豪胆さへと至る、自己や他者に課される強くあることの義務などは、品行の良さや感性の豊かさがなんの利益をもたらさない、貧困とジャングルの掟、差別と暴力に支配された、脱出口の閉ざされた世界を受け入れる仕方なのだ。[*14] 義務となった侵犯行為を作り出す力の倫理は、言語に関わる規範やそれ以外の公的な規範へのあからさまな抵抗を強いるのだが、それはとりわけ思春期の若者にとって、極端な精神的緊張という代償とグループの恒常的支えによってのみ継続的に維持され得るのだ。成功の希望と好運との混同を前提とし、あるいはこれを生み出しもする大衆的リアリズムと同様に、この倫理は自己防衛とサヴァイヴァルのためのメカニズムを成しているのだ。他のものが合法性の限界内で手に入れる満足を得るために法の外に身を持することを強いられた人びとは、反抗が高くつくことをあまりにもよく知っているのだ。ポール・E・ウィリスが見事に指摘したように、(例えば権威やなにより警察に対する)勇敢さを誇示する態度や身振りは、男女間の関係に限らず、位階序列に関わるすべてに対する強い順応主義と共存し得るのだ。人間的価値の尊重が強いるこれ見よがしな豪胆さは、連帯やさらには愛情に対するノスタルジーをなんら排除するものではなく、このノスタルジーはグループ内の厳しく規制されたやりとりを通じ、充足され、同時に抑圧されているのだが、緊張の弛緩した瞬間に表出し、暴き出されるのだ。[*15] ここにこそ、スラングの象徴的影響力の効果とともに、本来の意味での「大衆階層」の範囲を大きく越えたその普及の理由があるのだが、スラングは世界についての一つのヴィジョンの模範的、あえて言うなら理想的表現の一つを構成しているのだ。そのヴィジョンとは、女性的な「弱さ」や「服従」に抗して打ち立てられ、経済的、文化的資本に最も乏しい男たちが、彼らの男としてのアイデンティティについて抱くヴィジョン、また屈強さという象徴の下に見事に位置づけられるある社会的世界について抱くヴィジョンである。[*16]

しかし、他の社会的世界から借りられた語や表現が、日常的やりとりで用いられる一般的口語のなかに入るとき、それらがその意味や機能に関して被る深い変質を見落とさないよう注意する必要がある。こうして、「猛者」たちの貴族主義的冷笑主義の最も典型的な産物の幾つかは、それが一般的口語内で使用されるとき、羞恥心の厳密な限界内において、男たちに愛情、愛、友愛を口にし、両親、息子、配偶者などの情愛の対象を名指すことを可能にする、中和化され、また中和化するようなある種の慣習として機能するのである（「女将さん」、「女王＝母君」、「俺のブルジョワ女」などの典型的な表現の多少ともアイロニカルな使用は、例えば、あまりにも平凡だと感じられる「我が妻」や単なる固有名などの表現を避けることを可能にしている[*17]）。

正規の言語使用の傾向性を示す分布において上記の青年たちの対極に位置するのは、女性のうち最も若く、最も高い教育を受けたものたちである。彼女たちは、仕事や結婚を通じ、経済的・文化的資本の所有割合の低いものたちと結ばれることもあるが、支配的な交渉の場〔市場〕において求められることへの感受性と、その要請に応え得る潜在力を持っており、またこの点においてプチ・ブルジョワジーに比較され得る。言語実践への世代の効果について見るなら、これは言語能力の生産様式の変化、つまり学校制度へのアクセスの変化の結果と本質的に混じり合う。この最後のものは、疑いもなく異なった年齢層における言語実践の差異を決定する最も重要な要因を示している。しかし、学校での教育がそれを使命とし、人びとが学校での教育をその原因と考えるとしても、学校教育が言語実践能力の均質化という効果を及ぼしているというのは確かではない。その理由としてまず挙げられるのは、学校で教えられる言語の規範は、それが受け入れられた場合でも、その適用は、学校の授業内での口頭での応答や、書き取り、作文の作成に限定されたものに留まり得るからである。第二の理由として、学校というものは、学業上の指標、そしてこれに相関して社会的指標という観点から、生徒たちを可能な限り等質なクラスに分配しようと目指すのであるが、その結果、達成された成果を規準とした教育機関や教育課程の序列、従って生徒の社会的出自を反映した序列において低いランクにある学校へ向かうにつれて、同じ社会階層に属す級友たちのグループが及ぼす影響と教育が生み出そうとする効果との対立が次第に強くなるからである。最後に、最も経済的に貧窮した階級の子どもたちが振り分けられるランクの低い教育課程は、逆説的にも、学校制度と、したがって社会秩序と断絶した、持続力のある、等質的な青少年のグループを生み出しながら、継続的に方策を欠いたまま無責任な状態に留まり、おそらくある種の「非行少年たちの文化」の醸成に最も好都合な条件を提供することに貢献しているからである。[*18] こうした「非行少年たちの文化」は、さまざまな形で顕現するが、正規の言語の規範から隔たった口語にその表現を見出しているのである。しかし誰であれ、言語学的、文化的法則を完全に無視することなどできないのであり、支配される者たちは、正規の言語運用能力の保持者たちと対話をする度ごとに、そしてとりわけ彼らが公的な場面で発言を求められるときに、彼らの言語〔生産〕活動にとって最も不利な〔文化的〕価値形成の諸法則を実践的かつ身体的に認識することを余儀なくされる。その法則は彼らに、自らの使う言葉の矯正へ向けての多少とも絶望的な努力や沈黙を強いるのである。それでもなお、支配される者たちが出会う交渉の場〔市場〕を、そこで彼らが感じる自由の度合いに応じて、〔司法や医療や学校との関係で成立する〕支配的な規範に最も完全に従属したものから、〔刑務所や若者のグループにおいて形成される〕こうした法則から最も完全に解放されたものへと分類することが可能である。非正規の言語を用いている事実の肯定や、支配的な交渉の場に特徴的なしきたりや礼節への無知に基づいた言説の生産は、支配される者に固有な価値形成の原則に規定された自由な交渉の場〔市場〕の範囲内において、つまり彼らに固有の空間においてだけ可能なのである。それは排除されたものたちの隠れ家、避難所なのであり、そのためこの交渉の場で認められた社会的、言語的能力の保有者たちの目から見ると、支配者たちは少なくとも象徴的にはそこから排除されているのである。

「大衆階層」において用いられるスラングは、文化的正統性の根本原則に対する実際の侵犯である限りにおいて、支配者たちのものと異なっているばかりでなくそれに対立してもいる一つの社会的・文化的アイデンティティの意義深い肯定なのである。そしてスラングを通じて表現される世界観は、階層内の言語を用いたやり取り、とりわけカフェでの会話のように、力や男らしさといった価値観に完全に支配された、最も統御され、継続性のあるやり取りを通じ、被支配階級の〔男性の〕構成員たちが向かって行く限界を体現しているのだ。この力や男らしさといった価値観は、政治行動とともに、支配的な話し方や振る舞い方に対する、数少ない効果的な抵抗原理の一つなのである。

「大衆階層」に内在するさまざまな交渉の場〔市場〕それ自体も、それらを特徴づける緊張関係、同時にそれらの場が表現に課す制限の度合いに従って相互に区別される。そしてわれわれは、スラングという最も技巧を凝らした表現が用いられる頻度は、交渉の場における緊張が弛緩し、話し手の言語運用能力が低くなるにつれて低下する、という仮説を立てることができる。スラングの使用頻度は、親しいもの同士の私的な会話（その第一のものには家族内におけるやり取りがある）において最も低くなるのであり、そこでは正規の口語が課す規範に対する自律性が、支配的言語を支えるしきたりや礼節をほぼ全面的に顧みずに済むという自由によって際立っている。おそらく同じ頻度は、（ほとんど男性だけが行なう）公共の場でのやり取りにおいて最高度に達するのである。こうしたやり取りは、カフェでのある種の会話に見られる（遊びとしての）言い争いや、虚勢の張り合いなどのように、話し手に真の技巧の追求を要求するのだ。

交渉の場をクラス分けするこのモデルは、それが前提とする極端な単純化にも拘らず、話し手が持つ諸特徴のさまざまな組み合わせに対応した言語運用能力上の差異と、さまざまなレベルに位置する交渉の場相互の差異との関係を通して実践的に産出される言説の極端な多様性を明らかにしてくれる。それに加えてこのモデルは、明確な方法を用いた観察プログラムを素描することを、また言語資本に最も乏しい話し手のすべての言語〔生産〕活動が位置づけられる最も意義深い代表的なケースを限定することを可能にする。すなわち第一に、最も緊張度の高い自由な（つまり公共の）交渉の場で巧みな話し手たちが用いる言説の形態、とりわけスラングがある。第二に、支配的な交渉の場、つまり支配者＝被支配者間の私的なやり取り、あるいは公的な場面のために産出される諸表現がある。そしてこれらの表現は、支配者から受ける威嚇や、押し付けられる沈黙の効果によって、狼狽し、調子の外れた言葉という形態を取り得るのであるが、それはこのような状況で支配される者たちに残された唯一の表現形態であるだろう。そして最後に、〔例えば女性同士のような〕馴染みのもの同士のあいだの私的なやり取りのために産出される言説がある。これら言説の最後の二つのカテゴリーは、話し手の特徴だけによって言語の〔生産〕活動を説明しようとするものたちによって常に分析から排除される傾向にあるのだが、まったく当然の論理に従い、「大衆的言語」のなかに加えられるべきであろう。

相対的に緊張度の高いあらゆる交渉の場で発話に課される制限〔検閲〕の効果は、ある種のカフェのような庶民階級の成人男性のためだけにある公共の場で交わされる言葉が、強度に儀礼化されたものであり、厳格な規則に従っているという事実から生じている。ひとはビストロに酒を飲むためだけに行くのではなく、それは集団で行なわれる気晴らしに積極的に参加するためでもあるのだ。その気晴らしは参加者たちに、日常の必要性から解放されているという感情を与え、社会的幸福感、経済的な無償性といった雰囲気を生み出すのであり、アルコールの消費は明らかにこうした雰囲気の醸成に一役買っている。ひとは笑ったり、笑わせたりするためにそこに行くのであり、各人が自己の能力に応じて、自分のお気に入りの言葉や冗談を他の人びとと交わし合うのであり、あるいは誰かの見事な話しぶりを笑い声で応援したり、(「そいつは面白い!」といった)感嘆の言葉を贈ったりすることで賑やかな集まりに貢献するのだ。*19 意識的で継続的に行なわれる言葉についての探求と情報蓄積の労を払って、称讃に値する社交性の一形式を完成させた「面白い奴」の理想を体現し得るまでに、剽軽者としての技量を所有することは、非常に貴重な資本の一形態を持つことである。このようにして、腕の良いビストロの主人は、こうした交渉の場〔市場〕に相応しいしきたりを熟知することで、常に話しの輪の中心にいるその立場から獲得し、また披露することが可能な冗談、面白い話し、言葉遊びなどを見出すのである。同様に、こうしたビストロの主人は、客たちの話しの輪を統べるゲームの規則や、ゲーム参加者それぞれの特殊性である名、姓、渾名、こだわり、悪癖、職業、(利用可能な)才能などについての独自の知識によって、客たちが求め、またもたらしてもいる熱気溢れる社交場の雰囲気を生み出すような会話のやり取りを、誘いかけ、繰り返し、またやんわりと行き過ぎを注意することなどで、惹起し、維持し、ときに抑制する手段を見出すのである。ビストロで交わされる会話の質は、その会話に参加する客たちのセンスや技量によって決まり、一方で、彼らのセンスや技量それ自体は提供される話題の質や話しの輪の中心にいる人物次第でもある。そしてこのビストロの主人は、会話の輪のなかに通常の客と変わらないものとして参加する意志や力量、また生活の楽しみを仲間たちと味わうことによって期待される経済的必要性や社会的制約の束の間の忘却に貢献する意志と力量を示しながら、(いわゆる「店主のおごり」や、「421」[†4]と呼ばれるゲームを常連客相手に催すことで)商売を目的とした客との関係を否定しなければならないのだ。[*20]

こうした交渉の場〔市場〕で通用する言説が完全な自由や絶対的な自然を体現するように見えるのは、その場の規則や原則に無知である人びとにとってでしかないことが理解されるだろう。例えば、この場に馴染みのないひとは、ビストロの客の雄弁な語りを奔放な弁舌の冴えのように捉えるだろうが、実のところこれはこの類いのものとしては、アカデミックな会合における即興の演説と同程度に自由なものであるに過ぎない。この種の雄弁は、演説が生み出す効果の探求や、聴衆とその反応への注意、聴衆の好意や共感を得るための修辞的技巧などを無視したりはしないのだ。この雄弁は、既に実験済みの創意や表現のパターンを支えとしているが、こうしたパターンを熟知していない人びとに、分析の繊細さ、心理学的、政治的明晰さの目覚ましい発現に立ち会っているかの感情を与えるのである。レトリックが許容する範囲の高度の冗長性、「真面目な学習」の成果を強いて誇示するような儀礼的な形式や表現の反復の重視、既知の社会についての具体的イメージの頻繁な援用、グループの根本的諸価値をその形式の刷新を通じ改めて肯定することへの強迫的な執着などによって、この種の言説は非常に安定し堅固な一つの世界観を表現し、また強化しているのだ。

こうした倦むことなく繰り返し肯定され、集団によって保証された自明の理でさえある諸価値の体系は、行為主体のそれぞれのグループにその本質、つまりその位置や序列を割り当てるのだが、この体系内では男女間における仕事の分業についての表象が中心を占めている。それはおそらく、男らしさ、即ち荒々しさや身体的力、女性的な洗練に対する拒絶として確立された無愛想で野卑な態度などの崇拝が文化的劣等感と闘う有効な手段の一つであるからだ。彼らが一方で商人の場合のように経済的資本について見れば豊かであろうとなかろうと、自らが文化資本を持たないと感じている人びとは皆、こうした文化的劣等感に囚われているのだ。[*21]

自由な交渉の場として分類されるグループの中で対極に位置する親しいもの同士、とりわけ女性同士のやり取りの場は、表現の探求や効果への配慮がほとんど見られないという点で際立っている。したがってそこで流通する言説はその形式において、上述のようなカフェにおける社交上のやり取りで見られる言説とは異なっている。親しいもの同士のあいだでの言説が正規の言語を用いた言説に対して定義されるのは、正規の言語への拒絶によってという以上に、それについての知識の欠乏という理由によってなのだ。社交上ものであれ、公式なものあるいは私的なものであれ、支配的な交渉の場について言えば、それは経済的また文化的に貧しいものたちにとって非常に困難な問題を提示するので、「大衆的言語」の単一性の支持者が暗黙のうちにに採択する話し手の社会的特徴に基づいた口語の定義に従うなら、この言語が最も頻繁に纏う形式は沈黙だと言わなければならないだろう。実際のところ、支配的な交渉の場に対峙する必要がもたらす葛藤が、話し手が表現の矯正を強いられることなく解決されるのは、またしても男女間に割り振られた分業の論理によってなのである。男性はそのアイデンティティの構成要素でもある恒常的な自己堅持への権利と義務によって定義されると、またその男らしい威厳を守ることを可能にする沈黙を押し通し得ると（なにより、このことを嘆く素振りをする女性たちによって）認められているので、医者を迎えたり、医者に症状を説明したり、治療法について議論したり、教師を通じ欠席の手続きを行なったり、健康保険の手続きを行なうなどの込み入った状況に対峙するのに必要な努力をするのは、本性からして柔軟で従順だと社会的に定義された女性の役割だとされているのである。[*22] そこから次のような事態が生じる。口語表現の「誤り」とは、しばしば正しい言い方をしようという不幸な努力や、上品に話そうとする見当違いな配慮を原理として生まれるのであり、それらは、プチ＝ブルジョワや「大衆言語」を扱う文法学者が容赦なく挙げつらう誤用された単語、とりわけ医学用語などの場合がそうであるように、非常にしばしば女性たちの発した言葉なのである（そして彼女たちは自身の夫たちによって嘲笑され得るのであり、その嘲笑とはまたしても、女性をもったいをつけたり、気取ったりするその「本性」に還元しようとするやり方でもあるのだ）。[*23]

しかし実際には、このようなケースにおいてさえ、支配者への恭順の表れは決して両義性を払拭されることはなく、支配者の側からのほんの僅かな拒絶や、皮肉、よそよそしさの兆しはその表れを身分上の依存関係に則った強いられた敬愛へと変質させてしまうのであり、恭順の表現はこれらに出会うと常に攻撃性へと反転しかねないのだ。あまりにも相手との格差が明白な社会関係に入り込み、関係に相応しい言語や作法をあからさまに用いるものは、相手に応じて選ばれた畏敬の表現を、強いられた服従や利害心の伴う隷従として捉えたり、経験したりせずにはいられなくなるのだ。言語表現上の礼儀正しさや服装のマナーについての支配階級の規範に従うことで、あからさまな社会への適合を体現する召使いのイメージが支配者と被支配者のあらゆる関係、とりわけ業務上のやり取りに付き纏うのであり、それは仕事への「報酬」というものが提示するほとんど解決不可能な問題が明らかにしていることだ。それゆえ、神経質なまでに礼儀に適った関係の尊重に傾くかと思えば、馴れ馴れしく振る舞い、支配者と同等であろうとすることで彼らを引きずり下ろそうとするサービス業従事者に頻繁に見られるような、支配者とそのライフスタイルに対する両義的な態度は、言語的資本に最も乏しいものたちが、支配的な表現様式に対して維持する関係の真実と限界をおそらく示しているのだ。*24 逆説的に、彼らが最も慣習に見合った言語、彼らにとって深刻な事柄について話すための唯一相応しい言葉を用いるのは、儀式の壮麗さが彼らに、自らを滑稽で隷属的であると感じることなく、(例えば彼らの愛を口にしたり、葬儀において故人への敬愛の情を示したりするために)最も高貴な領域に身を置くことを可能にする状況においてだけなのである。逆説的だというのは、こうした場合に支配的規範は、感情の強さや真摯さを示すために、しきたりや出来合いの表現を投げ捨てるよう求めるからである。

このようにして、支配される者たちの言語／文化的生産様式は、自由な交渉の場が提示する規制された自由を享受したり、支配的な交渉の場が課す拘束を受け入れたりする彼らの傾向や適性に従って大きく変化するのである。それゆえ、あらゆるカテゴリーの言語使用者によって、あらゆる交渉の場で生産されるすべての口語を検討することで理解される多様な社会関係のなかに、いわゆる「大衆／民衆」について語る正当な権利と義務を有すると感じている人びとのそれぞれが、自らの利益と幻想にとっての客観的基盤を見出すことができるのである。

ジュディス・バトラー

われわれ人民

集会の自由についての考察

政策の撤回や政府の解散を集団で要求するために、一つの場所に集まり声を上げる人びと、こうした人びとの例は数多く存在する。カイロのタハリール広場は、街頭におけるこのような身体の集合の象徴となった。抗議デモ参加者はまずムバラク体制の退陣を求めることから始め、ついで彼らはさまざまな形で公共の広場を大挙して占拠し続け、臨時政府の採択した措置に、旧体制下で拷問を行なっていたものたちが公職に任命されることに、また性急に進められる新憲法の制定準備などに、より最近では大統領による一方的な司法制度の解体の決定などに反対したのだ。ならばこの「われわれ」とは何だろうか。街頭に集まり、ときに言葉を叫び、行動し、しかしより頻繁に、可視的で、聴覚に訴え、触知可能で、外部に晒され、頑迷で、相互に依存し合う身体の集合を形成しながら自らの存在を肯定するこの「われわれ」とは。

「われわれ人民」という言葉によって人民主権を確固たるものにする発話行為が生じるのはこのような身体の集合からだとしばしば判断されるとしても、この身体の集合はそれ自体で自らを表現しているのであり、この集合は既に人民主権を発動させる一つの仕方を構成していると主張することはおそらくより正当なことだ。言語が表現する「われわれ」は、ハンナ・アレント[†1]を引用して語るなら、複数の身体の集合、それらの動き、身振り、それらが協調して行動する仕方によって既に実現されているのだ。

ときに「結社の自由」として理解される集会の自由についての権利は、国際法によって明確に規定されている。[*1]国際労働機関〔ＩＬＯ〕は、集会の（あるいは結社の）権利は、団体交渉の権利に結びついているとはっきりと断言している。[*2]人権に関するある種の文書では、集会の自由とはあらゆる政府が擁護し（この擁護は、守り手たる国家権力に集会自体が異議を唱えるとき、また国家が集会の権利を抑制し、民衆が自由に集まることを妨げるときには、もはや実施されない）、警察／司法権力のあらゆる干渉から解放された根本的な自由として記述されている。しかし集会の権利とは、人権に関連するものをも含めた国家の法や国際法に守られた特定の権利とは異なった何かである。集会の自由とは、政治それ自体の条件であると言うことができるだろう。

このような状況において、集会の自由と人民主権との関係についてどのように考えるべきだろうか。選挙によって公職に就いているある種の議員が、多数によって選ばれたという理由で人民の主権を（より正確には「人民の意志」を）代表していると見なされるとしても、それによって人民主権が完全に選挙制度によって体現され、選挙が人民の主権を選出された代表者に移譲するということが帰結するのではない。人民は自らが選んだ人びととは区別され続けるのであり、自らが選んだ人びとの行動と同様に、選挙が実施された状況やその結果について異議を唱えることができるのだ。人民の主権は投票の際に選出された人びとにはっきりと委ねられ得るのだが、この移譲は決して完全には行なわれない。人民の主権のなかには移譲され得ない何かが残るのだ。人民主権が政治権力の議会制という形態を正当化するとしても、それは同様にこの権力の正当性を否定する力をも保持するのだ。議会制という権力形態が人民主権を支えとして必要としているとしても、この形態はそれを同様に怖れてもいる。というのも、この人民の主権のなかには、それが設立するあらゆる議会制の形態に対立し、越え出る部分が存在するからだ。定期的に選挙によって承認された体制であっても、「人民の名において」語る人びとの集合によって中断され、転覆され得るのだ。これらの人びとは、民主主義の実践を通じ正当性を付与する権力を保持したあの「われわれ」を体現しているのだ。この「われわれ」を「無政府主義的な」エネルギー、あるいは民主主義的秩序内に作用する恒常的な革命原理と呼ぶことができるだろう。このエネルギーはあらゆるケースにおいて、「人民」としての行動によって形成された、集められ、また同時に集合させる力を持つ身体の結びつきを基盤としているのだ。

当然のことながら、「人民」という言葉が表現するすべての人びとが、彼らこそが人民だと訴えるためにデモに参加するなどということは決して起こり得ない。したがって、「われわれ人民」という言葉は常にその本性上ある外部を持つのであり、たとえ「われわれ」が可能な限り包括的であろうと努めるとしても、それは決して人民の全体を表現することはできない。自らこそが「人民」だと主張し集まる「われわれ」は人民を代表しているのではない。「われわれ」は選挙という方法で人民を代表しようとする人びとに、正当性の基盤を与えるのだ。この「われわれ」にあたる人びとは、彼ら自身を代表することとは異なる何かをなしている。彼らは「人民」として自らを構成するのであり、この自己＝構成の行為はあらゆる代表形式から区別される。したがって、統治の民主主義的諸形態の根底に、代表不可能でありほとんど同義語反復的なある要素が存在するのであり、人民主権とは自己指示によって人民を形成するひとつの仕方なのである。したがって人民の主権は自己＝生産的で反省的な形態であり、それが正当性を付与する代表制とは区別される。この正当化は、人民の主権がいかなる特定の体制からも独立している限りでのみ可能なのである。

しかしいかなる意味でこれはパフォーマティブな（行為遂行的）実践だと言えるだろうか。まず何よりも、「われわれ人民」という言葉を発することは、自己＝指示的、自己＝構成的行為であることは明らかだ。誰かが、別の誰かと同時に「われわれ」と言い、一つのグループ全体が「われわれ」と言うのであり、それによって彼らは「人民」として自らを構成しようとするのだ。このように一つの発話行為と見なされるなら、「われわれ人民」とはそれが名指す社会的複数性を出現させる言表なのだ。この言表はその複数性を記述するのではなく、それを存在させるようとするのだ。したがって、「われわれ人民」という言葉において実現するのは一つの言語学的自己＝生成の形態であり、その行為はある程度まで魔術に属しているか、あるいは少なくともパフォーマティヴの魔術的性質を信じるよう促すものである。[*3] もちろん「われわれ人民」とは、請願や願望を表現し、将来行なわれるべき行動や政治的諸要求などを告げるより長い宣言の冒頭部分に過ぎない。それはさまざまな特定の言述の全体を導入する前言であり、重要な政治的要求を準備する文の冒頭なのだが、われわれはこれら冒頭の幾つかの単語の前に留まり、一つの政治的要求がこれによって既に提示され、練り上げられつつあるのではないかと自問するよう促されるのだ。

「われわれ人民」と共に言い得る人びとが、これらの語を一致して同時に発音するなどということはおそらく不可能である。オキュパイ・ウォールストリート[†2]の運動において起きたように、あるグループ全体がときにこれらの語を同時に叫ぶという事態が生じるとすれば、それは一人の人間が他の人びとと同時に語るという短く、束の間の瞬間であり、それは一つの協調行動、意図されなかった音響効果を生む、同時に遂行された発話行為なのだ。

言葉が文字通り複数の話者によって同時に発せられるこのような瞬間が稀にしか生じないと認めよう。そもそもアメリカにおいては、「われわれ人民」という表現は一つの引用であり、この引用という外見から決して自由になることはないのだ。独立宣言はこれらの語によって始まるのであり、それは宣言の起草者に一般的な仕方で人民の代わりに語ることを許すのである。この文の冒頭は一つの政治的権威を確立し、同時にこの言葉はいかなる政治的権威にも繋がれていない人民の主権の一形態を提示してもいるのだ。人民の主権は政治的権威に合致することも、またそこから退去することもできる。つまりあらゆる政治体制は、強制以外の手段によってその正当性を基礎付けようと望むなら、この人民の主権に依存するということだ。

発話行為は、いかに局所的（点的）なものであろうとも、引用の連鎖のなかに登録されるのであり、それはつまり、発話行為が登録される時間的状況が発話の瞬間に先立ち、同時にこれを超越しているということだ。この行為が、発話内行為（illocution：発話内行為とはオースティンが発案した言語概念である。発話内行為とは、それを語りながらひとつのアクションを生産する言語活動である――原注）でありながら、発話の瞬間に集約されないということにはもう一つ理由がある。これらの言葉によって指し示され、生み出される複数の人びとの全体は、同一の場に集まることも、同時に語ることもできないのであり、したがってこの現象は同時に空間的、時間的広がりに沿って展開するのである。人民の主権（人民の自己統治権力）が宣言される時や場所がいかなるものであろうと、正確にはそれは一つの瞬間などではなく、一連の発話行為の、あるいはパフォーマティヴな行為の連続なのである。参加者全員が声を合わせ同じ言葉を唱和する公的な集会の光景を想像することはできるが、この光景は抽象的で、また恐ろしく、ファシストの行進や軍歌の斉唱のような強制的均一化〔Gleichschaltung〕を想起させる。「われわれ人民」という言葉は、なんらかの統一性を前提としたり、作り出したりするものではなく、人民の性質、その欲望の対象について一連の議論を基礎付け、確立するのである。

次の事実を確実なものと見なそう。われわれは、人民の意志が肯定されるときに全員が正確に一斉に語ることや、同じ言葉を「口にする」ことを真に求めているのではない（このような複数でありかつ一致した言葉を表現するためにどのような言語が用いられ得るだろうか？　またそれはどのような覇権の形態を確立するのだろうか？）。しかし「われわれ人民」とは、人民主権の一形態の象徴と見なし得る表現であり、この人民主権とは人びとが自らを名指し、複数性を受け入れる政治形態として集合するために、共に行動することができるということを含意しているのだ。それは人びとの意見が一致しているということを意味するのではなく、彼らがこの「われわれ」という自己＝形成〔self-making〕を集団的で共有されたプロセスであると理解しているということを意味するのだ。誰かが「われわれ人民」という表現を用いようとするとき、私たちは誰がそれを言い、その人がそれを言う権利があるのか、それを言うことでその発話行為が有効であるのか、その人がまさにその言葉によって人びとを集め、人びとを前進させ得るのかなどを知ろうと努めるのだ。表現はその人びとが誰なのかを教えはしない。ただ彼らが誰であり、また誰であるべきなのかを知るための議論が開始される自己＝構成の形態を明確にするのである。

ジョン＝ラングショー・オースティン[†3]に従うなら、「われわれ人民」はその言表の瞬間に自らの対象（つまりその言表自体）を構成する発話内的行為と見なさなければならない。[*4]しかしこの発話は引用でもあるのだから、私としてはこの「われわれ人民」は、同時的で複数的な自己＝指示という形態を常にとるわけではないパフォーマティヴな言表の連続または加算によって、時間と共に常に部分的な仕方で構成されると主張したい。おそらく読者が既に気づいているように、「われわれ人民」という表現は言表行為の、あるいはパフォーマティヴな発話内行為の魔術的力に対する暗黙の批判となっているのだ。この言葉がそのままの形で表現されることは稀なのだが、それでもこの言葉は他のさまざまな行為を通じて表現されているのだ。そしてもし私たちが、あるグループが「われわれ人民」と宣言し得るためには、まず一つの場、例えば公共の広場に集まらなければならないと考えるとすれば、参加者が集まり、また再び集まるという行為自体が既に言葉が担う働きを実現しているということが見落とされてしまうだろう。言い換えるなら、人びとが集まることは、たとえあらゆる発話行為がそれに続く（あるいは別に必要とされる）としても、既に一つのパフォーマティヴな政治的主張なのである。自らの存在の複数性を肯定するために集合する諸身体は既に、人民の主権の行使と自己＝指示のプロセスに参与しており、その身体に正当性を委ねる諸体制に支持を与え、あるいはこれを撤回し、それらに対する独立性を宣言しているのである。したがって、ここに見られるパフォーマティヴな行為は、選挙制度が担う力を正当化するものとして機能しながら、これに対して外的である。パフォーマティヴな政治的言表は、同時に同じ場所に集まったり、あるいは異なったさまざまな場所や瞬間の連絡を通じ集められたりする諸身体によって発せられるのであり、「一つの人民」を構成するために一斉に、さらには同じ言語で語られる必要はないのである。そしてこのパフォーマティヴな政治的言表を発する人びとが集まり、再び集合するために散会するとき、そのパフォーマティヴな行為はもはやひとつの局所的〔点的〕な行為ではなく、単なる言表の一機会（たとえときにこうした形態をとるとしても）でもないのだ。一つの問いが提示される。「われわれ人民」と宣言することを可能にする発話行為とは、自らを言葉の外部に位置づけるのではないか？　そしてこの発話行為は単なる行為とは異なった何かを構成するのではないか？

私は諸身体の集合を一つのパフォーマティヴな主張と見なすよう提案するのであり、したがって、私はただ、(a) 人民の主権とは一つのパフォーマティヴな実践であると示唆するだけではなく、同時に、(b) 人民の主権が必然的に複数の身体による一つのパフォーマティヴな主張であると示唆しているのだ。「われわれ人民」という言葉が打ち立てようとする人民主権の理念とはどのようなものであるのかが理解されなくてはならない。ジャック・デリダが示したように、アメリカの独立宣言のなかには、宣言の内容が展開するにつれて感知されるある種のぐらつきのようなものが見られる。[†4] もし「われわれ人民」が「真理の全体は明白な事実から成っている」と宣言するなら、そのとき僅かな問題が生じるのだ。もしそれが明白な事実、つまりまさに到来させる必要のないような類いの真理なのだとしたら、パフォーマティヴな宣言が真理を到来させることを目的とするということをどのように理解したらよいのだろうか。これらの真理とはパフォーマティヴにもたらされるのであるか、あるいはこれらの真理は既に明白であるかなのだが、その場合明白な事実を生産する必要があるという考えは矛盾しているように見える。私たちは、諸真理の一つの全体が生み出されたと言い得るか、われわれはこれらの真理を何処か他所に見出したのだが、これらを生み出したのはわれわれではないと言い得るかのどちらかである。あるいはまた、私たちは、問題となっている類いの真理はそれが明白な事実として承認されるために、明白であると宣言されなければならないと言い得るだろう。言い換えるなら、それらの真理の明白さを示さなければならない、つまりそれらの真理はそれ自体においては明白〔self-evident〕ではないということだ。ここにおいて論理の循環が矛盾、あるいは同義語反復に逢着するのだが、もしかすると真理とはそれが提示される仕方によってのみ明白になるということかも知れない。言い方を変えるなら、真理をパフォーマティヴに主張するとは、この真理を明白にする手段であり、この真理とは予め与えられた静態的なものではなく、複数の人間による特定の行動によって肯定され、実践されなければならないということである。人民主権が肯定されるとき、問題となっているのがまさに複数の人間による行動の可能性なのだとしたら、私たちが自己＝構成と呼ぶ複数の人間による、常に闘争形態をとる行為の具体化以外の仕方でこの真理を示すことは不可能である。

　複数の人間からなる主体がそのパフォーマティヴな行動を通じて構成されるとすれば、それはつまりその主体が既に構成されたものではないということを意味する。その主体の行動以前の形態がどんなものであれ、その形態は行動のただ中、そしてその後の形態と同じではない。「われわれ」がある集合を生み出すのだが、たとえ明確に表現されないとしても、この「われわれ」が存在し始めるのは、複数の身体が空間、時間の特殊な布置において結びつくときにおいてでしかない。散逸する、局所的な、周期的な、また決定的な諸瞬間などからなる時間の経過につれて生じるこの身体の集合をどのように理解すべきだろうか。それは単一の行為などではなく、さまざまな行動の収斂であり、政治行動における社会関係の一つの形態である。示威行動を敢行する群集のただ中にあってさえ、他者たちの声を聞き取り、自らの発声を他者たちに合わせ、あるリズム、あるハーモニー、行動や発話行為に参加する人びととの聴覚的、身体的関係に到達するためには、互いに身体をかなり接近させる必要がある。われわれは今、話し始め、今、話しを止める。われわれは今、あるいはある瞬間に動き始めるのだが、それは断じて単一の有機組織のようにではない。われわれは共に歩みを止めようとするのだが、ある人びとは前進し続けるだろうし、他の人びとも自分たちのリズムで進むだろう。時間的連続性と組織的協調、身体の近接、声の音域と、発声の同期化、デモや集会の本質的な側面とはこのようなものである。そしてこれらの側面はすべて、「われわれ人民」と声を上げる発話行為が前提としていることであり、言表の「機会」、瞬間を構成する複雑な諸要素なのである。

身体は常にこの機会の一部を成している。発話内行為とは、言表がそれ自体で効果を生み出す発話行為として定義されていたことを思い起こそう。しかしそれは、言表が自らの出現の機会であることを意味するのではない。というのも、あらゆる言表は、時間的、空間的、感覚的領野における諸要素の特殊な収斂を前提としているからである。事実、「われわれ人民」という言葉が発せられる機会は、複数の人間によって具現された政治行動における社会関係を予め必要としている。たとえわれわれが発話行為を純粋に言語学的なものだと考えるとしても、その行為は口や喉、呼吸やある仕方で行動する身体組織、各人が行い語ることを聞き、目にし、感じ、他者と共に何かを行い語ろうと試みるために身体の近接性を必要とする発声のモデルに従っているのだ。言葉はそれ自体において一つの運動であり、運動には二つの本質的意味がある。身体の可動性と政治的組織である。

身体的、政治的運動ではないような「われわれ人民」を存在させる発話行為などあるだろうか？　この発話行為は、一つの政治的身体を前提としつつまたこれを実現するのではないだろうか？　われわれが発声のメカニズムを発話行為のモデルと見なすのは、それが同時に有機組織上の条件、言語の伝達回路として、また言語の器官として身体を必要としているからである。身体は言葉を発する瞬間に純粋な思考に変容するわけではなく、発声プロセスの有機組織的条件となるのだ。もし言葉が、厳密に発話という行為と考えられるとしても、発声器官を必要としない言葉はなく、なんら身体組織に関わらない発話行為というものはないのだ。しかし、この身体組織に関わる次元は、言説によって、言説という名目で表現される諸要請に何をもたらすのだろう。言説というものは意識を、より正確には話し手の「意図」を反映すると認めるなら、この意図は言説によって表現された認識の瞬間であると見なされる。裏返すなら、言説とは、言説に先行するある認識に関わる瞬間に対応していると認めることができる。ショシャナ・フェルマンが『語る身体のスキャンダル』[†5]で見事に示したように、言葉というものは身体組織なしでは不可能なので、純粋な認知としての意図を伝えようとする発話行為でさえ、身体組織を回路の外に置くことはできないのだ。最も純粋に観念的な意図でさえ、身体組織上の条件と無関係に表れることはないのだ。

　それゆえ、身体的所作を経ることのない純粋に言語的な行為が存在しないのと同様に、その身体組織的な条件から切り離された純粋に概念的な思考の瞬間というものも存在しない。「われわれ人民」の意味を明確にするのは次の事実だ。この表現がテクスト内に書かれたものであろうと、街頭で叫ばれたものであろうと、自らを名指し、構成する、現に行動している人びとの集合を指し示すということである。この行動において、表現されているいないに拘らず身体の複数性というある内的条件によって、表現はそれ自体に働きかけるのである。この複数的で力動的な身体という条件、これがこの瞬間を構成する次元なのである。

さらに次のことを付け加えることができるだろう。身体組織の有機性は、それが伝達を担う概念的意図以上に純粋なものではない。というのも、その有機性においては常に組織化が問題となっているからだ。その有機性はなんらかの実質によって構成されているのではなく、それに社会的意味を与える関係、身振り、運動の全体に組み込まれているのだ。発話行為を発声のプロセスだけに限定しない場合、発話行為を条件づける他のタイプの身体行動、反行動、他のタイプの身振り、運動、協調と組織化の様態が存在するだろうか。他者たちと共に何か意味を生み出そうとするとき、人びとは（歌ったり、演説をしたり、太鼓や鍋を叩いたり、牢獄や隔離施設の壁を叩いたりして）あらゆる種類の音を利用することができる。こうした音はそれ自体、共同で意味を生み出す仕方の一つでしかない。どのようにしてこれらすべての行為が実践する発話法は、身体組織や政治的なものの持つもう一つの意味を、身体の集合それ自体のパフォーマティヴな完遂と解釈され得る一つの意味を示唆するのだろうか。

＊＊＊

「われわれ人民」のパフォーマティヴな作用は、この表現が発話されるあらゆる瞬間に先立って生み出される。発話される前に表現は受肉化〔具現化〕されており、発話された後もその状態は続く。この表現はその物質的受肉化のプロセスと無関係に着想されることはない。「われわれ人民」が、ある人びとの集合が時間／空間の広がりに沿って自らを名指し、形成する行為や一連の行為の連続だとすれば、これはまたあらゆる正義や平等の特殊な要求に先立っている。諸要求は、人びとの集合が自らを人民として指し示した後に出現するのであり、この集合の自己＝形成は、人民の名の下に行なわれるあらゆる要求に先行するのだ。「われわれ人民」は、複数性としての人民の、受肉化され、パフォーマティヴな形での確立に根本的に依存した諸要求を出現させるのだが、それ自体としては諸要求を伴わない一つのパフォーマティヴな主張なのである。

人民が受肉化〔具現化〕しているという事実は、主張される諸要求にとって大きな重要性を持つ。例えば、社会の富が人口の二%にあたる人びとのもとに集中するとき、また次第に多くの人びとがその住居と職を失うとき、人民は階級の分割線に沿って分断される。生活の加速化する不安定性に直面した人びとが街頭に立ち、「われわれ人民」という言葉とともに諸要求を表明し、自らの存在を示し、デモを行なうとき、彼らは「人民」として自らを同定しているのだ。彼らは消滅の危機と闘っているのだ。「われわれ人民」という表現は、富を蓄積しているものたちが人民に属していないなどということを意味しているわけではないし、同様に、「われわれもまた人民だ」といった単なる包摂的意味を有するのでもない。この表現はむしろ増大する不平等を前に平等の一つの形の擁護を訴えているのだが、それは単に「われわれ人民」と発話することによってばかりではなく、可能性の厳密な範囲内で平等を具体化し、平等を基盤とした人民の集会を形成することによってなのである。集まったものたちは全般化した不平等のただ中で平等を主張しているのであり、それは純粋に象徴的身振りであり、膨大な負債に打ち拉がれ、仕事を得る望みなどまったくないものたちにとって経済的平等はますます遠ざかっているのだから、その平等の主張は無意味で何の役にも立たないとひとは言うかも知れない。しかしながら、集会の実践を通じた平等の具現化〔受肉化〕、相互援助の強調、共同で占拠された場所、こうしたことすべてが、社会の他の場所では急速に消失しつつある平等の一形態を世界内に生み出し始めるのだ。身体は政治的諸要求を提示することを可能にする道具であると単に語ることが問題なのではない。身体、そして身体の複数性が、将来におけるあらゆる政治的要求にとっての前提条件となるようにすることが問題なのだ。実際、オキュパイ・ウォールストリートの運動やタハリール広場、プエルタ・デル・ソルなどのここ数年の街頭の政治では、身体に基盤をおいた諸要求が政治的運動の中心となっており、これらの要求は、政治問題に関わる諸要求の全体に先立って、公然と主張されていたのだ。こうした諸要求のリストを作成することもできるだろう。食事と雨風をしのぐ屋根を求める身体、迫害や暴力からの庇護を求める身体、移動や労働の自由、医療機関での無料の診療を求める身体など。身体は生き延びるために他の諸身体による支えを必要とする。もちろん、これらの身体の年齢、健康状態も重要な意味を持つ。というのも他者への依存のあらゆる形態において、これら身体はたった一人の人間を支えとすることはできず、人的、技術的な複雑な社会的支援システムが必要であるからだ。

ますます多くの人びとの身体の健康が極めて不安定なものとなっている世界において、

複数の身体が共に舗道の上に、埃にまみれ、また自らの土地から彼らを隔てる壁に沿って姿を見せている。潜在的な参加者をも巻き込み得るそれら身体の集合は、身体の複数性が分かち難く場所に結びついていることを常に示している。このように、身体は、それらが生きている場所の舗道、地面、建築物、技術に属しているのだ。したがって、身体を取り巻く環境抜きに、それらを支える条件である機械や複雑な社会的相互依存のシステム抜きに、身体について語ることはできない。いかなる身体も、他からの支えなしに生き延びることも、健康であることもできない。この生命に必要な条件という問題、これが示威行動を通じ訴えられ、示されているのだ。この問題は、それがますます追いやられている忘却のなかから出現するのだ。個別の政治的諸要求を意味しているように見えても、白日の下に晒された複数の身体の自己＝構成は、それらを暗闇に連れ戻そうとする警察や経済的権力の試みに抗して、あらゆる政治的要求の根本条件をとりわけ提示しているのだ。これら身体のすべての欲求を列挙しなければならないとして、われわれはそれらが満たされることだけを願って闘うのだろうか。われわれはまた、それら身体が健康に溢れ、開花し、あらゆる生が生存可能なものになることを願って闘うのではないだろうか。

おそらく、政治の条件と政治的諸要求を区別することが可能である。政治が到来し得るためには、政治行動の主体が「出現のための空間」を持たなくてはならないと主張するハンナ・アレントの指摘は知られている。しかし、アレントが想定していなかったのは、身体それ自体の恒常的諸欲求にとっての「出現のための空間」が存在し得るということである。この出現に際して、身体はただ言葉へと導かれるのではない。身体は、働き、生き延び、そして生きるために必要なものを示そうと努めるのだ。自らを「人民」として指し示した人びとの最近の集会では、身体が生き延びるための基本的諸欲求に焦点があてられていた。いうまでもなく、生き延びることとは、他のあらゆる要求に先立って必要な条件なのだ。しかし、生き延びることが政治の条件だとしても、それは政治の目的ではない。われわれはまさに、生きるために生き延びようとするのだが、生き延びることを必要とする生とは、生きるに値するものであるためになによりもあるべきなのだ[*5]。しかし、唯一の統合された理想を提示するのではないなら、生きるに値する生をどのように考えることができるだろうか。私の考えでは、ここで問題となっているのは、人間とは何か、人間は何であるべきかを定義することではない。というのも、人間もまた動物であり、その身体の生存は、生命の維持に必要な人的、非人的なもろもろのシステムに依存しているからである。

したがって、私は以下の点について同僚であるダナ・ハラウェイ[†6]の意見に同意するだろう。[*6]それは、身体の生存を規定する複合的合理性について、われわれはもはや人間の理想的な形態を必要とせず、それなしではわれわれが単純に存在することのできない、身体的、相互依存的な諸関係の全体についてのより複合的理解を必要としているということについてである。

身体とは単に明確な境界によって範囲を画定された実体なのではなく、食料、住居、セックスへの関係の全体であり、環境への帰属、可動性、聴取可能性、可視性などから成っているのだ。身体は、身体的生が存続可能か否かを部分的に規定する社会的、制度的関係性の全体（あるいはその一部）に浸されているのだ。一つの身体は他の複数の身体なしには存在できないのであり、「自己と他者」という表現が含意する二項関係は、人民を構成する諸身体の複数性を説明できないのだ。その傷つきやすさ、行動力が、環境、科学技術、社会関係、権力へのアクセスによって条件付けられた、この受肉化した人民をどのように理解すべきだろうか。あるひとたちは、街頭に集まる行動する身体は、強力なマルチチュードを構成し、それ自体一つの出来事、あるいはラディカルな民主主義的行動の一形態でもある爆発を生み出すのだと語るだろう。私はこうした物の見方には部分的にしか賛同できない。既成の権力に反対して人びとが立ち上がるとき、彼らが人民の意志を発動させているというのは明らかだ。しかしさらに、誰が、何処で立ち上がり、誰が立ち上がらないのかを知る必要があるだろう。というのも、人種差別主義者やファシストの集会、議会制に反対する人びとの暴力的な運動など、私が連帯したいと感じることのない多くの人びとの集まりがあるからだ（彼らが集会を開く権利を否定はしないが）。私に関心があるのは、マルチチュードの活力や集団行動に支えられた力の出現などではなく、増大する生存の不安定性を前に、生存可能な生の諸条件を効果的に改善すべく企てられた闘争なのである。政治の最終目標は、たとえそれが、時にラディカルな民主主義的改革を達成させるための重要な行為だとしても、ただ「人民」に新たな意味を与えるために共に立ち上がることではない。このようなグループが、一つの要求、生存困難な状況に追い込まれた生活が生む不正の感覚などによって持続する必要がある。そのグループはまた、変革が可能であり、その変革は、不平等や、至る所で増大する生活の不安定、民主主義のプロセスや民衆運動を脅かす公共の安全を名目とした統制への抵抗を原動力とすべきだといった主張によって持続力を持つ必要があるのだ。

一方に、街頭やインターネット上で、とりわけ刑務所の場合のようなより可視性の低い連帯のネットワークによって集まる複数の身体がある。これら身体の発する諸要求はある形態をとり、この形態は公共空間において顕在化し得ることもし得ないこともある。他方で、公共空間に出現する人びとの集合もあり、これらの人びとの要求は、言葉、行動、身振り、運動、行進のためにスクラムを組んだ腕、立ち退くことの拒否、警察や国家機構を麻痺させるためのあらゆる手段によって訴えられるのだ。ある民衆運動は、その戦略や警察からの圧力の度合いに応じて、一方の可能性から他方の可能性へと行き来し、最高度の顕在化の様態に近づいたり、遠ざかったりし得るのだ。いずれの場合においても、これら身体は抵抗のネットワークの全体を形成していると言うことができるが、同時に、これら身体は単に抵抗の行為主体であるだけではなく、支援を求める根本的欲求を体現するものであることも忘れられるべきではない。この意味で、政治について考えるということは、傷つきやすく脆い身体にとっての支えを求める深刻な必要と同時に、抵抗の実践において共同でなされる身体の動員を考えることである。

これらの運動が機能するとき、それは生活を生存可能なものにする持続的な支援形態の要求を補助する一時的支えを提供する。こうした要求は、同時に言表され、行動に移され、例証とされ、伝達される。身体はまさしく、それら自体が身体であることを示すために集まり、この世界において身体として存続するとは何を意味するのか、身体が生き延び得るためにはどんな条件が必要なのかを人びとが政治的に理解するため、そして、それらが漸く生存可能な（われわれにとって唯一の）仕方で身体としての生を営みうるために集まるのである。

したがって、われわれが街路を占拠するとしても、それはただ単に、あるいは主として抽象的な権利を保持する主体としてではない。われわれが、集会の自由という権利や人民として自己を構成する権利を主張するとき、われわれはそれを身体の実践を通じて肯定しているのだ。それらは言表されることもできるが、その「言表＝宣言 statement」は、何であれ誰かが言葉を口にする以前に、人びとの集合のなかに既にあり、集まった身体の多様性によって表現されているのだ。

われわれは街路に出る。なぜなら、われわれはそこを歩き、そこで動く必要があるからだ。われわれは街路を必要としている。なぜなら、われわれはたとえ車椅子に乗ってでも、妨害されることなく、ハラスメントも政府による拘留も受けず、傷つけられたり殺されたりすることを怖れることなく、街路を動き回ることができるからだ。われわれが街頭に立つとすれば、それはわれわれが存在し続けるために、その名に相応しい生を生きるために支えを必要とする身体であるからだ。動くことは身体の一つの権利であり、集会の権利自体をも含む他の諸権利を行使するための前提条件である。集会は同時に、共同で行なわれるあらゆる要求の表明の条件であり、人びとの集まりが求める特殊な権利でもある。この循環は矛盾であるよりもむしろ、政治における複数性、一つの人民の創設条件なのである。

仮に身体がその定義上活動的（常に自己＝構成的であり、決して他によって構成されてはいない）であるなら、われわれは、社会・経済的正義の名の下に身体に自由な活動を認める条件のために闘う必要などないだろう。しかし、この闘争は生じるのだ。なぜなら身体は現に拘束を受けており、拘束可能なものだからだ。身体の傷つきやすさは、増大する生活の不安定性と闘おうとする市民集会において明確に示されている。身体の傷つきやすさと、われわれの生存、われわれの身体の力の開花、われわれの政治的抵抗を印づけることれらの活動形態との関係を理解することが重要である。実際、われわれが街頭に姿を現し、行動するときでさえ、われわれの身体は脆く、あらゆる種類の暴力に晒されているのだ。このことはとりわけ、許可なくデモを敢行するものたち、警察や軍隊、治安維持部隊に武器を持たず立ち向かうものたち、トランスフォビアである社会環境においてトランスジェンダーであるものたち、市民になろうとするものを犯罪者扱いする国々で身分証明書を持たないものたちにとって真実である。しかし、社会的庇護を奪われたものは、「裸形の生」の状態に追いやられてしまったわけではない。反対に、社会的庇護を受けないということは、政治的に身体を顕在化させる一形式である。それは、実際に傷つきやすく、壊れやすくさえある身体を持ち、同時に、潜在的、積極的に反抗的で、革命的でさえあるということである。「われわれ人民」という言葉で自らを名指し、自らを構成する、集会を行なう身体は、身体の諸要求をまたしても忘却へと追いやるこれらの抽象化の操作を揺さぶるのだ。可視的であろうとすること、それはこのような社会環境に晒され、同時にこれに反抗することだ。われわれはまさに、こうした離接の線に沿って自らを形成するのであり、自らを形成しながら身体を晒し、身体のためにその要求を表明するのだ。われわれはこれを他者たちと共に、他者たちのために行なうが、われわれのあいだには必ずしも調和や愛があるわけではない。それはただ、新たな政治的身体を構築する方法に過ぎない。

ジョルジュ・ディディ＝ユベルマン

可感的にする

表象可能な民衆、想像の民衆？

民衆の表象は、二重のアポリアではないにせよ、二重の困難にぶつかる。それは、われわれにとって表象と民衆という言葉のそれぞれを概念の統一性のうちに包摂することが不可能であることに由来する困難である。ハンナ・アレントは、単数の人間について語ることに固執している限り、われわれは決して政治が可能になる次元について思考することはできないだろうと語っていた。[†1] というのも、政治は他の何か、つまり複数で考えられた人間に関わるのであり、その人間の多様性は、闘争が問題であれ共同体が問題であれ、その度ごとに異なった形に変化するからである。[*1] 同様に、表象あるいはイメージについて語る限り、われわれは決して美学的なものが可能となる次元（あるいは、われわれが毎瞬それに反応している感性的なものの世界）について思考することはできないだろう。複数のイメージが存在するだけであり、その多様性は、競合していようと協調していようと、あらゆる総合に抵抗するからである。

それゆえわれわれは、単なる民衆というもの、単一性、同一性、全体性、一般性として捉えられた「民衆」というもの、それはまったく単純に存在しないと言うことができるのだ。現在でも世界の何処かに、完全に同一の領土で生まれたものだけからなる民族が存在すると想定できるとして（それは、一九三〇年にある冒険家のグループと有史以来外部世界から遮断されてきたニューギニアの一民族が交わした対話を記録した『ファーストタイム』という写真集に見られる通りであり[*2]、それはおそらく、現在知られている究極の例の一つだろう）、単一の「民族」はやはり存在しない。というのも、このように孤立した集団においてさえ、そこには最小限の複雑性、非純粋性が想定されるからであり、生者と死者、肉体と霊魂、ある氏族の人びととそれ以外の人びと、男性と女性、人間と神々、あるいはその動物たちなど、多様で異なったものたちが織りなす異質性に富む集団の構成がそのことを示している。単一の「民族／人民」は存在せず、共存する複数の「民族／人民」が存在するだけである。それは単に、一つの民族と他の民族との共存という意味ではなく、ひとがどれほど統一されたものと想像しようと（それは決して現実には対応しないだろう）[*3]、一つの同じ「民族／人民」の内部においてさえこうした共存が見られるのだ。「民族／人民」というものを同一性として、あるいは一般性として実体化することは常に可能だろう。しかし、第一のものは人工的であり、あらゆる種類のポピュリズムの顕揚へと向かうだろうし[*4]、第二のものは、あらゆる政治学、歴史学にとっての中心的アポリアそのものであり、何処にも見出し得ないだろう。

ピエール・ロザンヴァロン[†2]が、フランスにおける民主主義的代表制の歴史的検証であるその著作に『非在の人民[*5]』という題名を与えたのは驚くべきことではない。早くも書物の冒頭から既に「困惑」が指し示され、それは包み隠さず記されている。それは、「政治的な善」としてのその展望の明証性と、「政治への幻滅[*6]」としての明白で、ときに憤慨させるようなその現実の未完成な姿とのあいだで身動きがとれなくなった民主主義（つまり文字通り「民衆／人民の権力」）の「困惑」である。この「困惑」、あるいはわれわれの民主主義の歴史に内在する「曖昧な」部分がこの著作内で、最も必然的かつ最もやっかいな範例であるかのような代表制／表象の問題へと結びつけられていることは非常に興味深い。「権限の委託と〔象徴的〕形象化という二つの意味において理解された代表制／表象の問題をめぐって、困難が形成されているのだ[*7]」。しかし、民主主義の問題を扱うピエール・ロザンヴァロンが、この代表／表象の弁証法をカール・シュミットへの直接の参照を通じてのみ喚起しているのは奇妙であり、また不気味にさえ思える。実際シュミットにとっては、Repräsentation あるいは「象徴的形象化」としての代表／表象と、Stellvertretung あるいは「権限の委託[8]」としての代表／表象とは区別されなければならなかった。

　君主制権力へのノスタルジーを感じていたカール・シュミットが、代表制／表象が含意する「権限の委託」という側面を犠牲にし、「象徴的形象化」を強調することしかできなかったことは知られている。その重要な著作の一つである一九二八年の『憲法学』において、カール・シュミットは、「代表／表象はどんな種類の存在にでも可能なわけではなく、それが特別な（例外的な）種類の存在を必要としている」ということを明確にするのを怠っていない。「生気を欠いたもの、価値の低いまたは無価値なもの、卑しいものは代表／表象され得ないのだ。それに欠けているのは、公的な存在にまで高められ、実在を有することのできる優越的な種類の存在なのだ。偉大さ、卓越、壮麗、栄光、尊厳、名誉などの語が、高位にあり、代表／表象する力を持つ存在の特殊性（例外性）を説明するために求められる[9]」。

　この視点に立つなら、どのようにして「人民」、「民衆」などが何らかの形で代表／表象され得るのか理解できないだろう。知られているようにシュミットは、民衆の概念をその否定性、無力さでさえあるもののうちに統合した。シュミットにとって民衆は存在しない。

民衆とはこれではなく（例えば、司法や行政ではない）、あれでもない（例えば、積極的意味における政治的行為主体でもない）。シュミットによれば、民衆になし得ることとはせいぜいのところ、Führertum〔指導〕として、至高の「導き」[*10]として提示される権力の代表／表象に喝采を贈ることでしかない。もちろんピエール・ロザンヴァロンは、「民主主義的真実」[*11]に対してシュミットが誇示した嫌悪感の対極に身を置いている。しかし、ロザンヴァロンは、『政治神学』の著者が「権限の委託」と「象徴的形象化」とのあいだに立てた離接モデルになおも囚われたままのようである。ロザンヴァロンは、「権限の委託」を象徴より優先させることで、シュミットの打ち立てた序列を転倒させるのだが、これはまたしても民衆を犠牲にし、民衆の代表／表象を前面に押し出すためなのだ。あたかも、代表され、象徴的形象化を施されることで、民衆は必然的に想像的なものになるかのようだ。あたかも、イメージに委ねられることで、民衆は取るに足らないものになってしまうかのようだ。

こうして、ロザンヴァロンの目には三種類の「想像の民衆」が現われる。まず、「民衆＝世論」である。これは世論というものが、「民衆が、自らが望み、考えることを知らしめる非有機的な方法」（ヘーゲル）として、あるいは「喝采の近代的形態」（再びカール・シュミット）[12]として定義される場合である。次に、「民衆＝ネイション」であり、「ポピュリストの祝祭」は、この「民衆＝ネイション」を野蛮人から移民までのすべてを排除するための操作子に仕立て上げるほどにこれに取り憑かれている。[13]そして最後に、「民衆＝情動」であり、そこには「近代的大衆のアイデンティティへの希求が、悲壮な様相の下に表現されている。これらの情動の共同体は内実に乏しく、いかなる強固な紐帯をも紡ぎ出すことができない。これらの共同体は一時的な融合状態を実現するだけであり、人びとのあいだにいかなる義務をもたらすこともない。それらはまた、いかなる未来をも約束しない。フランス革命の「民衆＝出来事」がかつてそうであったように、変革の約束や行動の力を体現するどころか、この「民衆＝情動」は歴史上に自らを刻むことはないのだ。それはある欠如、ある苦しみの儚い影でしかないのだ[14]」。

おそらくここで、ピエール・ロザンヴァロンは何よりも、「スタジアム」や「テレビの画面」、「雑誌の投稿欄[15]」などを前にした民衆を考察の対象としているのだろう。しかし、「民衆＝情動」という表現自体がこれほど手厳しい診断の対象となるとき、それは、まさに代表／表象という第三の概念に媒介されることで、ロザンヴァロンによって組み合わされた情動と民衆という二つの概念に対して深刻な影響を及ぼさずにはいないのだ。表象は、テレビの画面や雑誌の投稿欄を通じて紛い物の情動を運ぶということは理解できる。おそらく表象は、カール・シュミットが一九三三年に加担することになった大掛かりな全体主義的「先導」を媒介し、伝播させさえする。しかし表象とは、まさに民衆と同じように、多様で異質的かつ複合的な何かなのだ。表象とは、相互に対立的あるいは逆説的な構造上の幾つかの効果を担っており（ニーチェ、ヴァールブルク[†3]以来われわれはこのことをより正確に知っているのだが）、われわれはこれらの効果の記号論的機能に注目し、これを「シンコペーション（切分法）[†4]」と呼ぶことができるし、あるいはよりメタ心理学的、また人類学的なレベルに身を置くことで、これらを徴候的「引き裂き[†5]」と呼ぶことができるだろう。[*16] したがって、民衆とその情動は、それらを廃棄することにも等しいあの見下したような批判などより遥かに多くのことをわれわれに求めているのだ。それらの廃棄とは、感性的世界一般に対する、その固有の運動性、したがって、その潜在的豊かさに対する哲学的（それは根底においてプラトン主義的なものだが）に合意された廃棄であるだろう。

弁証法的イメージの前で目を擦る

したがって、ヘーゲルによって、民衆のうちにある「彼らが望み、考えることを知らせる非有機的な方法」と名づけられたもの、あるいはシュミットが「喝采」という形で民衆に認めていたものを、もう少し謙虚な（したがって軽蔑の少ない）仕方で取り上げ直さなくてはならない（当然のことながら、シュミットは民衆の抗議、彼らの苦痛、権力者に向けられた彼らの呪詛、彼らの「示威行動」、彼らの解放への訴えについて語ることは遥かに少なかっただろう）。仮に、ロザンヴァロンが指摘するように民衆＝情動が想像の民衆だとしても、それは、彼らが「内実に乏しく」、「強固な紐帯を欠き」、「一時的な融合状態」に傾くだけであり、「いかなる未来も約束せず、行動の力をもたらさない」ということにはならない。それはまた、「民衆は自らの存在を歴史に刻むことがない」ということを意味するのでもない。その最も単純な理由は次のようなものだ。情動とはそれ自体、イメージと同じように、歴史上に記録されたものであるというものだ。ここで、一九二〇年代と三〇年代に、つまりファシズムとの闘いという文化的コンテクストにおいて、歴史性と身体の可視性との根本的関係を再考した一群の思想家たち（私は当然、ヴァルター・ベンヤミン、アビ・ヴァールブルク、カール・アインシュタイン[†6]、エルンスト・ブロッホ、ジークフリート・クラカウアー[†7]、テオドール・アドルノを念頭においている）[*17]に共通の概念を取り上げるなら、情動とは歴史の読解を可能にするクリスタル〔水晶の玉〕だということができる。

というのも、ベンヤミンが創りだした卓越した概念に従えば、情動それ自体は、イメージと同じように弁証法的であるからだ。それはまず、情動が表象と非常に特殊な関係を維持しているということを意味する。それは、表象の情動に対する本質的帰属という関係であり、同時に両者の分離という関係でもある。そしてそれは、表現と内容という関係であり、また両者の対立という関係でもある。アビ・ヴァールブルクが、イメージの長時間の持続という現象に見られる「強烈な感情表現」の「集中」と「弛緩」の作用を観察し始めた頃[*18]、ジークムント・フロイトは、『夢判断』において、彼自身がヒステリーの症例の観察を通じ既に認めていた重要な問題点を強調していた。即ち、無意識が存在するということは、情動と表象のあいだに複雑な弁証法が存在することを含意するというものである。[*19]社会の歴史もまた、その無意識なしには展開しないということが本当だとすれば、われわれはヴァルター・ベンヤミンが『パッサージュ論』のなかで次のように表明した真実に従うべきであろう。「弁証法的なイメージの展開において、「かつて」というものは、明確に規定された一時代においてのみそのありのままの姿を開示するのだ。それは人類が、自らの目を擦り〔疑い〕ながら、夢に見たイメージをまさにそのままの姿で現実に知覚するときである。歴史家がこのイメージのために、夢の解釈という仕事を引き受けるのは、この瞬間である*[20]」。

人類が自らの目を擦らない〔疑わない〕とき、人類が持つイメージや情動や政治行動がまったく分裂していないとき、イメージは弁証法的ではなくなり、情動は「内容に乏しい」ものとなり、政治行動そのものは「いかなる未来も約束しない」ものとなるだろう。したがって、民衆を「非在」にし得るものとは、権限の委託の危機と同様に形象化の危機のなかに見出されるはずなのだ。それは「複製技術の時代における芸術作品」に関する一九三五年の評論において、ヴァルター・ベンヤミンが理解していたことである。ベンヤミンは次のように記している。「民主主義の危機は、政治家の身体を提示する条件の危機として理解され得る*[21]」と。「スポーツ選手や映画スターや独裁者」が、スタジアムや商業施設である映画館のスクリーン上に「その勝利者としての姿を見せる*[22]」そのときに、イメージを弁証法化しなければならないのだ。別のイメージ、別のモンタージュを作り出し、それらを別様に眺めること、相互に結びつけられた分割と運動、組み合わされた情動と思考をそのなかに導き入れるのだ。目を擦る〔疑う〕とは要するに、情動によって表象の表面を、抑圧されたものによって理想を、徴候によって昇華されたものを、傷つけ、擦ることなのだ。

民衆についての表象は、ひとが権力の表象のただ中に弁証法的分割を導入することを受け入れるとき再び可能になるのだ。ピエール・ロザンヴァロンが行なっているように、トックヴィルが提示した民主主義の前提条件から出発し、権限の委託としての代表／表象の歴史を辿り直すだけでは不十分なのだ。同様に、ジョルジョ・アガンベンが行なっているように、キリスト教教父たちの神学的前提や、カール・シュミットの反民主主義的前提から、「統治」や「政治的栄光」についての考古学を再考するだけでも十分ではない。反対に、ベンヤミンにとって弁証法化するとは、歴史のそれぞれの断片のただ中に、「ほんの一瞬現われる」、つまり「突然現われれ、認識に差し出される瞬間に消失する」[*23]あの「イメージ」、しかしまた、まさにその壊れやすさを通じ、民衆の記憶や欲望、即ち解放された未来の布置をもたらすあの「イメージ」を出現させることなのだ。それは次のことを認める仕方でもあるだろう。歴史家はこの領域において、歴史の方向性に逆らって出現するあの「束の間」や「儚さ」の微小な動きに視線を向けることができなくてはならないということだ。それらは、これまで思考されて来なかった歴史性を担う信号のように、非常に遠くから到来したかのように出現し、やがて消え去るのだ。

これらの信号、あるいは「弁証法的イメージ」はもちろん脆く壊れやすい。これはまた、集団的情動の壊れやすさでもあるのだが、その情動の弁証法的運動はこの壊れやすさを大いなる源泉としているのだ。ベンヤミンは記している。「（一八三〇年の七月革命の際に）戦闘の最初の日の夕刻、パリの複数の場所で、示し合わせたわけでもないのに、同じ時刻に、人びとが大時計に発砲するのが見られた＊24」と。ここには、「等質的で空虚な時間」を爆破させようとするおそらく非常に「情動的な」身振りが見られないだろうか。そしてこれは、「等質で空虚な時間」を、歴史の方向性に逆らって出現するあの信号を介在させながら、あらゆる時間性の解体、再構成を特徴とする「唯物論的歴史編纂」のモデルに置き換えようとする身振りではないだろうか＊25。いずれにしても、このようなものが民衆それ自体の脆さ、壊れやすさである。公共の広場における幾つかの大時計の破壊と、七月革命の蜂起者八〇〇名の死は、ブルジョワや王党派による運動の簒奪を妨げはしないだろう。しかし、彼自身にとって最も危険が迫っていた一九四〇年という時期にこれらの文章を書いたベンヤミンは、その前で目を擦るために、公共の大時計が銃撃される「夢のイメージ」を掲げようと望んだのだろう。それはまた、この目を覚まそうとする身振りを通じ、今日もなおわれわれに課される歴史家の使命を次のように再度表明するためでもあったのだ。私は久しく以前から、これらの数行を何度も書き写してきた。

歴史家の仕事をすることは、「どのように物ごとが実際に生じたのか」を知ることを意味するのではない。それはある記憶を、それが危険の迫る瞬間に生じるままの姿で奪い取ることだ。それは歴史的唯物論にとっては、危険の迫る瞬間に歴史的主体に思いがけず差し出される過去のイメージを保持することだ。この危険は、伝統の内容と同様に、伝統を受け継ぐものをも脅かすのだ。この危険はすべての人びとにとって同一であり、彼らを支配階級の道具とするものだ。どの時代にあっても、伝統を飲み込もうとする順応主義から、新たに伝統を引き剥がそうとすべきなのだ。*26

あらゆる文化的順応主義とは区別されたこの「伝統」への固執が、目前の危険とこれに政治的に応じることの緊急性が迫る文脈においてあえて表明されることに、われわれは驚くべきではないのだ。ベンヤミンは、フロイトやヴァールブルクと、「残存」の人類学的有効性についての鋭敏な意識を共有していたのだ。ベンヤミンはまた、バタイユやエイゼンシュタインと、「残存」[†8]の政治的効果についての歓喜に満ちた把握を共有していたのだ。それは、ヴィレットの屠殺場において家畜の残骸を前に、また、後になってジャン・ルーシュ〔一九一七―二〇〇四　フランスヌーヴェルバーグの映画監督〕、ピエール＝パオロ・パゾリーニ〔一九二二―一九七五　イタリアの映画監督〕、グラウベル・ローシャ〔一九三九―一九八一　ブラジルの映画監督〕などの映画監督がその映像をはっきりと示したように、メキシコの宗教儀式の行列で揺り動かされる骸骨を前に、目を擦る〔見開く〕ことを通じてなされていた把握ではあるが。しかし、この歴史的把握は（それは同時に歴史横断的でもある、というのも、この把握は長い時間的持続、ミッシング・リンク、異時間性、抑圧されたものの援用などに重要な位置を認めているからである）、あらゆる民衆の表象が支えとする分裂なしには起こり得なかった。カール・シュミットが権力の伝統にのみ関心を示した地点において、ベンヤミンは圧政に苦しむものたちの伝統を対置するのだ。「圧政に苦しむものたちの伝統はわれわれに、われわれが現在生きている「例外状態」とは普遍法則に適ったのものであると教える。われわれはこの状況を説明し得る歴史概念に到達しなくてはならない[*27]」。

われわれは、ヴァルター・ベンヤミンが同時に、民衆を歴史的形象として登場させ、歴史上の「名もなきものたち」に相応しい表象を与える意志を通じ、歴史家の使命を（そしておそらく芸術家の使命をも）位置づけていたことをより明確に理解できるだろう。「名もなき人びとについての記憶を讃えることは、よく知られた人びと（削除されたパッセージ：「詩人や思想家も例外ではない」）の記憶を讃えることよりも難しい。名もなき人びとの記憶に、歴史の構築は捧げられるのだ[*28]」。この仕事は同時に、文献学的（あるいはベンヤミンが好んで語ったように「微小学的」）であり、哲学的である。この努めは、歴史上の「順応主義者」たちが決して首を突っ込もうとしない資料を精査することを要請する。それはまた、実証主義的な歴史解釈に完全に欠けている「理論的武装」と「構築的原理」を要請するのだ[*29]。

ところでこの「理論的武装」は、イメージを観念に、観念を事実に従属させないことを前提としている。例えば、「圧政に苦しむものたちの伝統〔Tradition der Unterdrückten〕について語るとき、おそらくベンヤミンは階級闘争を直接に参照したマルクス主義的な語彙を用いているのであるが、ベンヤミンは同様に、Unterdrückungという語がフロイトの精神分析学の概念群にも属していることを知っているのだ。「répression〔抑止〕」というフランス語に訳されるこの語は、抑圧〔Verdrängung/refoulement〕をその特殊な一種として持つ心的過程のグループを指し示している。抑止は意識的なものであり得るが、抑圧は常に無意識的である。抑止は情動に対して適用され得るが、抑圧は表象に対してのみ作用する。[30] したがって、伝統的な（より正確には順応主義的な）表象において「抑圧」されていたものを形象化することによって、民衆を「表象／代表可能」にすることの努めが歴史家に課せられるだろう。ところで、このような表象のなかで「抑圧された」ものとは、その社会的不可視性としての（例えば、アレントが『隠された伝統』において、不可触民《パリア》の形象を通じ検証しようとした[31]）身分に関わるばかりではなく、ヘーゲルによって「民衆が自らが望み、考えることを伝える非有機的方法」と呼んだもの（その場合民衆は、身体の身振りや魂の動きを通じ、情動を表現するだろう）にも関わっているのだ。

覆いを取り去る、ヘテロトピアを可視的にする

最良の歴史家とは、民衆の上にのしかかる抑止〔Unterdrückung〕の覆いを取り去るものである。ブルクハルトやミシュレから最近の研究に至るまでの歴史学の傑作集を編むことは私の意図するところではない。しかし私は、民衆の上にのしかかる覆いを取り去るだけではなく、それを粉々に打ち砕くことに（私の目には模範となる仕方で）貢献した三つの著作を簡単に振り返りたい。最初のものはミシェル・ド・セルトー〔一九二五―一九八六フランスの歴史家・社会理論家〕の著作である。ミシェル・ド・セルトーは、孤独（とりわけ神秘主義者の孤独）の歴史から考察を始め、公式の歴史には「姿を見せないもの」に言及し、遂には、最も一般的な人びとの「生活術」に含まれる社会的な抵抗の行為を探求するに至った。[*32]

周知のようにミシェル・フーコーは、異形と社会的制度によるその処遇の歴史から考察を始めた。心理的異形に対する精神病院、身体的異形に対する医療施設、刑法上の異形に対する刑務所、性に関わるもの、さらには文学的異形[*33]（例えばレーモン・ルーセルの

作品）などが問題にされた。ところで、フーコーもまた、ある「理論構築の原理」と「批判」を武器に、文献学的探求を進めるにつれて、「抑圧されたものたちの伝統」が認識され、集められ、組織され、支配者と対峙し得る幾つか場所を見分けるに至ったのである。フーコーはこれらの場所をヘテロトピアと名づけた。それは、これらの場所が、絶対に保証された自由を映し出す機能を持ったスクリーンのように存在し得るということではない。

私は、その機能において（つまりその本性上）、またラディカルな仕方で解放をもたらすような何ものかの存在を信じてはいません。自由とは一つの実践なのです。つまり、ある種の拘束を変容させ、より柔軟なものにし、打ち破ることを目指す幾つかの計画は常に存在し得るのですが、これらの計画のどれ一つとして、単にその性質によって、人びとが自動的に自由であることを保証することはできません。人びととの自由は、それを保証する機能を担った制度や法によっては決して確保されないのです。〔中略〕仮にわれわれが、自由が現実に行使される場所（おそらくそれは存在するだろう）を見出すとすれば、われわれはそれが、諸事物の本性によってではなく、（繰り返しになるが）自由の実践によってなのだと理解するでしょう。かといってそれは、人びとは自らの権利を行使すればよいのだと考え、結局、彼らを閉じ込めている場所に放置してもまったく構わないということを意味するのではありません。［中略］定義上、自由を生産する機械は存在しません。（幾つかの力の）相互関係とそれらあいだの恒久的なズレがあるだけなのです。[*34]

ヘテロトピアとは、これらのズレが起こりうる空間を定義しているのである。そこで、抑圧に苦しむ人びとにのしかかる覆いが震え出し、それが少し移動し、自由という高熱の蒸気を通過させるのだ。ユートピアというものは完璧に機能し得るのだが、それは非現実的で、苦痛を慰撫するような（とフーコーは何処かで付け加えている）仕方によってである。これに対しヘテロトピアは、たとえ不安定で、ちぐはぐで、不徹底で、決して完全ではない機能によってではあれ、はっきりと現実的な仕方で作用するのである。フーコーによればヘテロトピアは、「われわれが生きている空間に対する、同時に神話的で現実的な一種の異議提起を」[*35]実現するのだ。ヘテロトピアには、「現実の単一の場所に、それ自体としては両立不可能な複数の空間、複数のスペースを」、さらには複数の相互に異質な時間性[*36]（われわれはこの意味で、資料館や博物館、図書館などはフーコーにとって、それらに固有の制度的覆いの下に隠されたヘテロトピアなのだと言えるだろう）を「併置する力」があるのだ。ヘテロトピアはこの資格において、「想像力の巨大な貯蔵庫[*37]」として現われるのであり、それを自由に使うのはわれわれ次第なのである。

同様に、アルレット・ファルジュ〔一九四一―　フランスの歴史家〕が複数の著作を通じて、エレガントにまた執拗に続ける探求のための着想を得ているのは、このような自由についての解釈の潮流からなのだ。ファルジュにとってアーカイブとは、おそらく資料保管者自身にも撤去不可能だと思われていた覆いを持ち上げる予想外の（しかし、やがて汲み尽くせぬ可能性を提示する）機会なのだろう[*38]。ファルジュはある感覚を得たのであるが、それはまた、かつてヴァールブルクがフィレンツェのルネサンス期の資料館に保存された回想録を倦むことなく精査しつつ見事に記述した方法論的原則でもあったものだ。「資料館に保管され、解読された何百もの資料、そしていまだ解読されない何千もの他の資料のなかには、死者たちの声が今も響いているのである。歴史家の献身は、彼が言葉とイメージのあいだの自然な結びつきを再構成する努力を前に尻込みしないのなら、これら聴取不可能な声の肌理を復元することができるだろう[*39]」。

民衆の歴史の研究が始まり、また再開し得るのは、このような方法的直観を武器とすることによってであろう。アルレット・ファルジュは、まず一八世紀パリにおける食料の盗みについて研究することで、（一八四八年の薪泥棒を法的に弁護した）カール・マルクスの身振りを辿ろうとした[*40]。ファルジュは、パリの街頭における民衆の研究に、また一方に「世論」を、もう一方に「自己の」または「自己についてのエクリチュール」[*41]を含む民衆の思考の異質な諸次元にその著作の大部分を当てながら、「抑圧された人びとの伝統」についてのベンヤミンの教えを実践したのである。ファルジュは、貧者、マージナルな人びと、抑圧された人びとの「脆く壊れやすい生」について問うことで、ミシェル・フーコーの仕事に寄り添い、これを継承しようとしたのだ[*42]。こうした試みを通じてファルジュは、社会生活について一般に語られる言説という覆いを持ち上げ、民衆の表象のなかに彼らの徴候、彼らの情動が出現することを可能にしたのである。ファルジュはその著作である『奔出と苦悶』のなかでこれらの徴候や情動を見事に記述しているが、この著作の序論は果敢にも次のような考察を打ち出していた。

ここに書き写されるのは、名もなき貧しい人びとの身体の息吹である。それは、考え、身震いをし、魅了され、妨害され、暴力を被る身体である。最も貧窮した人びとの身体には（それ以外の人びとの身体においてと同様に）、さまざまな逃れへの意志、夢、それらを成功させるために生み出され、準備される身振りの発見、それらを名付け、つまり所有するための言葉などが存在する。名もなきものたちの物言わぬ身体的力（体力）は、将来の希望の影響を受け、かつてあったものを苦もなく思い出しながら、権力に出会うのであり、それに統合され、またそれを変容させるために、この権力に応答し、話しかけるのである。

そこで何かが震えているのだ。身体は唸り声をあげ、その将来を準備する。肉の存在である男女は、「情動によって世界内に」存在する。彼らは常に自らの身体と格闘し、また不可避的にその身体と共鳴し合うのだが、それは、ただ寒さ、空腹、疲れのみならず、さらに不正、憎しみ、暴力を遠ざけるためなのである。歴史の作用を受け、また歴史に働きかける彼らは、普通の存在なのだ。この著作は、教養を欠くと言われるその身体の基本的欲求や欲望によって、（しばしば行なわれてきたように）これらの社会的弱者を定義しようという意志とは無縁である。反対に、（身体の通常の定義である）「魂を持つ存在の物質的部分」に対して行なわれる歴史的、政治的アプローチは、身体にその無限の気高さ、歴史と共に、また歴史に抗って創造を行なう理性的、情熱的能力を認めるのである。なぜなら身体とは、感覚、感情、知覚の中枢であり、またその切り離し難い一部なのであるから。可延的なものである身体は、可能な限り自らを世界に統合しようとする。その試みには、笑い、叫び、身振り、愛、流血、苦痛、そして疲労が伴うのである。身体、身体の歴史と一般的歴史は一体をなしているのだ。*43

まず、(いわゆる「身体なるもの」一般ではなく)特異であり、複数で考えられた多様な身体は「歴史の作用を受け、歴史に対して働きかける」と語ることは、ヤコブ・ブルクハルト〔一八一八―一八九七　イギリスの歴史家〕が創始し、ニーチェが擁護し、マルク・ブロック〔一八八六―一九四四　フランスアナール学派の歴史家〕や偉大な民族学者、社会学者と同様にヴァールブルクが検証した歴史解釈の立場を選び取ることである。それは、歴史とは単に人間の行動の連続を通してだけではなく、民衆によって経験された一群の情熱や感情の広がりを通して語られると考える立場である。次に、身体は「情念によって世界内に」存在すると語ることは、アーウィン・ストラウス〔一八九一―一九七五　アメリカの現象学者〕、ジャン＝ポール・サルトル、モーリス・メルロ＝ポンティらの思想に典型的な形で見出される感覚の現象学が教える哲学的立場を引き受けることである。[*44] それは、感覚を持つ諸身体、情動の作用を被る諸身体についての一つの独立した人類学に歴史解釈を開くことである。最後に、「そこで、何かが震えている」と語ることは、一つの文学的立場に身を置くことだ。というのも、同様に歴史を綴るということは、まず何かを書くということだからだ。それは歴史家に、形式、文体、語り方、そして詩情にまで関わる選択を求めるのであり、この選択は、その知的生産行為の様式と同様に内容をも規定するのだ。

これら三つの立場は、民衆について相応しい歴史的表象を与えようとするそれぞれの試みにおいて、相互に分かち難く結びついた形で作用するのだ。われわれは例えば、ジャック・ランシエールの著作にそれらを見出すことができる。ランシエールの著作においては、歴史解釈上の立場が、民衆の残した資料を読み解く作業（ランシエールが以前から属している哲学者の世界の慣例では非常に稀な謙虚さによってと言うべきだろう）によって明確に示されているが、それは例えば、アラン・フォール[†9]と共同で執筆、編集された『労働者の言葉』についての論集が、また『プロレタリアの夜』[*45]と題され、歴史的資料を元に書かれた浩瀚な書物が証していることである。この方法上の選択は、素材の細部への配慮、資料の尊重、それに伴って行なわれる資料の配置などを特徴とする文学的立場にも関わっている。そのためランシエールは、（カール・マルクスの厳密な同時代人である）ギュスターブ・フロベールの「微小学《ミクロロジー》」からエミール・ゾラの『取材ノート』に至るまでの、あるいはミシュレのテクストからライナー＝マリア・リルケのパリで書かれた小説に至るまでの一九世紀フランスの写実主義の源泉を探求したようである。*46 こうした歴史の内在領域の横断全体に欠けていたのは、ヴァルター・ベンヤミンやジョルジュ・バタイユが各々の歴史資料の内部に作動させることのできた補足的操作の持つ大胆さだけであろう。彼らは、『パッサージュ論』*47 で語られていた「夢解釈の仕事」を歴史家に強いるような、ある徴候的な作用の発動を個々の歴史資料のなかに暴きだしていたのだ。

それでもジャック・ランシエールは、歴史解釈の順応主義の重くのしかかる覆いを持ち上げたことは確かである。ランシエールはそれを行なうにあたり、カール・マルクスの読解に負うところの大きい哲学的立場に導かれているのだが、同様に、より目立たない形で（おそらく、クロード・ルフォール*48〔一九二四―二〇一〇　フランスの政治哲学者〕というフランスの偉大な政治哲学者を媒介として）、モーリス・メルロ＝ポンティの思想に見られる、歴史哲学を生み出す弁証法と身体の現象学を基礎付ける感覚的なものの接点を明確にしていたすべての側面によって導かれているのだ。[49] ランシエールが行なっているように、「感覚的なものの分有」[50] という角度から政治と美学との関係を思考することは、実のところ、多くの美学研究者があらゆる闘争や否定性を免れたものにしておきたがる「感覚の領域」において作用している弁証法の働きを再発見することではないだろうか。これと対照的な形で、あらゆる政治的なものの表出、あるいはあらゆる政治的示威行動（manifestation という言葉を、最も具体的に、あるいは最も哲学的に理解するにせよ）のうちに、弁証法的関係と感覚的な関係との出会いを認めるべきではないだろうか。それは、ポリティックス〔政治〕とポリス〔警察〕との区別について述べたランシエールの次の文章が想起させることだ。

「立ち止まらずに通行しなさい。見物に値するものなどありません」ポリス〔警察〕が街路には何も見るべきものはないと言うとき、その場を通り過ぎる以外にできることはない。ポリスは、通行のための空間は通行のための空間でしかないと言っている。ポリティックスは、この移動のための空間をある主体（人民、労働者、市民など）が示威行動を行なうための空間に変容させることを目的としている。ポリティックスとは、空間を、そしてそこでなされ、見られ、名づけられ得ることを形象化し直すことに存している。それは、感覚的なものの分有に関わる制度化された係争の場なのだ。〔中略〕政治の本質とは不和である。不和とは、諸利益や見解の対立のことではない。それは、感覚的なものがそれ自身に対して開く隔たりの表出なのだ。政治的示威行動は、見られる理由を持たなかったものを見せ、ある世界のなかにもう一つの世界を設置するのだ。例えば、工場が私有地であると見なされている世界のなかに工場を公共の場だと見なすもう一つの世界を、また労動者がその労働の苦痛を表現するためだけにに叫ぶ世界のなかに、労動者が話し、共同体について語る世界を出現させるのだ。*51

したがって、表出／示威行動が問題なのだ。それは、市民たちが、彼らの無力、苦痛、そしてそれに随伴する彼らの情動を訴えようとしながら、彼らが抑圧されていると主張するときに生じることである。それは、感覚的な出来事が、共同体自体の歴史的展開において、つまりその生成の弁証法的運動において共同体を動かすときに生じることなのだ。そのとき、情動に関わるものと現実が共に展開するのだ。アラン・バディウは歴史の意義を定式化しようとしているのであり、それによれば、歴史内部においてこの情動に関わるものと現実との随伴性は今や「飽和し、終熄し」ているのであり、「（感情）表現に関わるのではない哲学的な弁証法の概念[*52]」に場を明け渡さねばならないというのだ。反対にわれわれは、最も古くからある「パトスの表現形式」の残存と有効性を至る所で観察し得るのだ。つまり、嘆きの声が立ちのぼり、呪詛の叫びとなり、吐き出された呪詛の言葉が行動となるのである。アラン・バディウが語るような「真実の政治」（バディウは、想像力や感情の領域に属すものの価値を効果的に減じさせるために[*53]、これを「現実的で論理的な」真実と形容している）は、感覚的なものの真実なしには存在しないのだ。私がこの文章を書いているまさにこのとき（二〇一二年六月）、エイゼンシュタインが『戦艦ポチョムキン[†10]』の嘆きの場面の映像に込めたすべてが、シリアのバッシャール・アル・アサド〔一九六五―　シリアの大統領〕体制の犠牲者のすべての葬儀で流される涙と、警察に向かって発せられる叫び、そしてこうした抗議に未来の可能性を与えるために手に入れるべき武器（今や対話は不可能である）などのファクターの随伴性を通して、緊急性としての新たな価値を見出すのだ。

接近し、資料を集め、可感的にする

ジャック・ランシエールが望んでいるように、「感覚的なものの分有に関する制度化された係争」の多様な機会と解釈することで政治にアプローチすること、それは「政治を美学化する」ことに帰着するのではないか。それこそ（その時代のファシスト体制が大仰に実行していたことだったので）ヴァルター・ベンヤミンにとって最悪な所業だったのだが、いずれにせよそれは、人びとが方々で『感覚的なものの分有』の著者に非難し得たことであった。この問いに対する答えは単純なものである。つまり、美学それ自体がある闘争の場を、他の多くの語の内部でも作用しているある分割を指し示しているというものだ。それは例えば、ひとが人民／民衆〔people〕という語（つまり著名人、愚者の手本としてメディアによって過剰に表象化されている人びと）に、まさに民衆を排除しているすべてを聞き取ろうとするとき、あるいは、イメージという語（著名人の、つまり愚者の手本の過剰表象のための基盤）のなかに、まさにイメージが異議を唱え得るすべてを聞き取ろうとするときに見られることだ。したがって、ランシエールが躊躇わず次のように書くとき、美学〔感性的〕という言葉はどのような意味を持つのだろうか。「労働者の解放とは、まず一つの美学的〔感性的〕な革命であった。つまり社会状況が押し付ける感覚的なものの世界に対してとられた距離である*54」と。

こうしてわれわれは、アカデミズムの機関にとって重要な意味を持つ、美の、また「芸術の指標」（カール・アインシュタインはこれを滑稽な「美のコンテスト」と非難していた）を考察対象とする美学から非常に隔たったところに身を置いている。われわれが今後問題にする美学とは、芸術に関わろうと関わるまいと、感覚的なものという出来事を対象とする一つの知のことである。ところで、こうした出来事を明確に記述するためには、例えばジャック・ランシエールが展開する哲学的批判だけではなく、（マルセル・モースが教える）「身体の諸技術」に関する知によって補完される真の人類学、また（アビ・ヴァールブルクの教えによる）「パトスの表現形式」、あるいは（例えば、ルードヴィヒ・ビンスワンガー〔一八七一—一九六六　スイスの精神科医〕の現象学的記述が教える）「気分高揚の瞬間」などがわれわれに必要なのだ。しかし、記述を行なうためには、まず書く術を知らなければならない。つまり、言語という最も限定的な表現や最も一般的表現、最悪のスローガンと最良の問いなどがぶつかり合う広大な闘争の場において、（文学的、美学的、倫理的に）立場を明確にする必要があるのだ。感覚的な出来事を対象とする人類学は、素朴な形而上学の確証への自負を捨て去ることで、視線、聞き取り、またエクリチュールによって、われわれが「接近する」ことを受け入れるときに始まるのである。

古典的形而上学は、文学など役に立たないようなある専門領域を通過することができた。なぜならこの形而上学は、異論の余地のない合理主義を基礎として機能していたからであり、また概念の組み合わせによって世界や人間の生活を理解させ得ると確信していたからである。［中略］現象学的、あるいは実存の哲学が、世界を説明し、その「可能性の条件」を発見することではなく、世界についての一つの経験、世界についてのあらゆる思考に先立つ世界との接触を表現することを使命としたとき、すべてが変わったのだ。それ以来、文学の仕事と哲学の使命はもはや分離不可能となった。世界の経験に自らを語らせ、どのように意識が世界内で自己を離れ対象へと向かうのかを示すことが問題となるとき、われわれは表現の完璧な透明性に到達しようなどと自惚れることはできない。世界が幾つもの「逸話」によって、指で指し示されるようにしか表現されないのだとしたら、哲学の表現は文学の表現と同様の曖昧さを引き受けなくてはならない。*55

私は、「感覚的なものの弁証法」について私のように語るために、ランシエールがこのような哲学的媒介（この媒介は、メルロ＝ポンティ的な意味における現象学、さらにジョルジュ・バタイユによって再考されたモース的な意味での人類学の観点からなされている）を受け入れるのかどうかを知らない。しかし、ランシエールはその最近の著作『アイステシス』に至るまで、問題提起と同様に記述を目的としたアプローチという身振りによって、多くの特殊な「逸話」、あるいは指で指し示された対象でもある諸「場面」を取り上げながら考察を進めている。この『アイステシス』[*56]の最後の章がジェイムズ・エイジー〔一九〇九―一九五五　アメリカの小説家〕とその一九三〇年代の貧しいアラバマの街についての考察にあてられているのは[*57]、明らかに、ランシエールが主張する哲学的立場が、（文献学者や歴史家が資料を前に行なうように、あるいは民族学者がある儀礼的身振りを前に行なうように）感覚的現象に接近し、（弁証法を用いる哲学者が何らかの状況を前に行なうように）その力線、輪郭を明確にすることを使命とした文学的立場と切り離し難いからだ。

この文学的立場には既に長い歴史があるのであり、ヴァルター・ベンヤミンやエルンスト・ブロッホは一九三〇年代に、その詩的であると同時に政治的な射程を誰よりもよく理解していた。ルイ・アラゴンの『パリの農民』、アンドレ・ブルトンの『ナジャ』からアルフレート・デーブリーン〔一八七八—一九五七　ドイツの小説家〕の『ベルリン、アレクサンダー広場』に至るまで、ブレヒトの演出からモホリ=ナジ〔一八九五—一九四六　ハンガリーの写真家〕のシナリオのエクリチュールに至るまで、またブレーズ・サンドラール〔一八八七—一九六一　フランスの詩人、小説家〕、イリヤ・エレンブルグ〔一八九一—一九六七　ロシアの作家〕、ウラジミール・マヤコフスキー[*58]〔一八九三—一九三〇　ロシア未来派を代表する詩人〕以来見られるのは、一九世紀の小説的エクリチュールを越えて、ドキュメンタリー編集の原理を採用しようとした数々の文学的実験の連なりである。この原理は後に、G・W・ゼーバルト〔一九四四—二〇〇一　ドイツの作家〕、シャルル・レズニコフ〔一八九四—一九七六　アメリカの詩人〕、さらに現代に近いところではジャン=クリストフ・バイイ〔一九四九—　フランスの作家・詩人〕の作品に再び見出されるものである。[*59]

このドキュメンタリー編集（あるいは再編集）の原理は、映画に先立ち、写真のある種の使用法に強い影響を受けた文化の歴史と不可分である。[*60]このようにして弁証法が感覚的なものに出会うのであり、また政治が、視覚的なものをも含んだ詩の新たな源泉のうちに具現化するのである。例えば、一九二四年にブレーズ・サンドラールは『コダック』と題された一冊の書物を出版する。しかしそれ以後、アメリカの企業にこの名称の独占的使用権が認められたため、サンドラールは一九四四年の自身の詩作品の全集を刊行するに際し、タイトルを単に『ドキュメンタリー』[61]に変更せざるを得なかった。一九二八年には、『ナジャ』[62]に展開される夢想と恋愛の詩学が、ジャック＝アンドレ・ボワッファール〔一九〇二―一九六一　フランスの写真家〕やマン・レイ〔一八九〇―一九七六　アメリカの画家、写真家〕の都市風景の写真をテクスト自体に区切りとして取り込むことを実現した。一九二九年から一九三〇年に刊行されていた『ドキュマン』誌でジョルジュ・バタイユが企てたイメージの理論的解体の試みは、この同じボワッファールやエリー・ロタール〔一九〇五―一九六九　フランスの写真家〕、その他多くの写真家による資料を駆使した図像学的実験によって、図解されたのではないにせよ、支えられ、また惹起される必要があったのだ。[63]同じ時代にジェルメーヌ・クルール〔一八九七―一九八五　ドイツの写真家〕の感覚的イメージは、パリのパッサージュに関するベンヤミンの弁証法的思考を刺激していた[64]（偉大な弁証法家であるテオドール・アドルノが所有していた資料のなかに、これらの写真は保管されている）。一九三三年にイリヤ・エレンブルグが『我がパリ』と題された書物を刊行したとき、エレンブルグは（この書物の装丁を担当した）エル・リシツキーに自らの横顔を撮影させているが、写真のなかで彼はライカのカメラを正面に構えているのだ。これは、パリのさまざまな民衆を捉えた一連の写真で構成されたこの書物の真の作者はライカのカメラ（やがてこのカメラ自体をアップで写した写真も挿入されるだろう）であると言わんばかりである。[*65] 最後に（より長大なものであり得るこのリストを中断せざるを得ないのだが）、ベルトルト・ブレヒトの『作業日記』や『戦争のABC』を、その一部をなす写真編集作業と切り離して、どのように理解すべきだろうか。またジェイムズ・エイジーのアラバマの民衆についての調査をウォーカー・エヴァンス〔一九〇三―一九七五　アメリカの写真家〕の冷徹な目が捉えた写真抜きにどのように理解できるだろうか。[*66]

実際、これらは「冷徹な」目が捉えたイメージである。[*67] しかし、それは「無感動な」視線によるものではない。それどころかそれらのイメージはわれわれをも平静ではいられなくするのだ。失業者の仕事への期待や空腹、死さえもが姿を見せるこれら困窮者を描いた写真では、被写体である人物は誰も涙を見せたりしていない。ある既婚女性は、まさに泣き出さないために、下唇をほとんど歯で噛み締めているようだ。粗暴な様子をした子ども

ウォーカー・エヴァンス「アラバマ」1936. J. Agee, W. Evans, *Let Us Now Praise Famous Men*, Boston, Houghton Mifflin Company,1941による.

は、地面にしゃがみ込み、遊びもせず虚空を見つめている。しかし、写真を注意して見るなら、赤ん坊は母親の腕の中で泣いているのではないだろうか。またこれらの写真には考えられる限りの見捨てられた人びとの様子が、同時に写真家との信頼の絆によって保たれた人びとの威厳も描かれている。アウグスト・ザンダー〔一八七六―一九六四　ドイツの写真家〕の作品におけるように、ここにはこっそりと撮影されたものは何もない。すべては、共有された敬意と、長い時間をかけて築かれた相互の尊重から生まれている。そのようにしてウォーカー・エヴァンスは、大恐慌時代のアメリカの民衆が置かれていた状況に含まれる(明白な何かではないにせよ)決定的な何かを、われわれにとって感知可能〔可感的〕なものにしたのだろう。それは、ジェイムズ・エイジーが記した物語と不可分な何かだ。

このようなコンテクストにおいて、可感的〔感知可能〕にするとは何を意味するのだろうか。それは、プラトニズムや合理主義の厳密な現代的再解釈の試みにとっては残念なことに、認識可能にするということを意味するのではない。ヴァルター・ベンヤミンが、弁証法的イメージという概念をその思想の核とすることで、「歴史の読解可能性」へのアプローチを打ち立てたのは、歴史的、人類学的認識可能性というものが、イメージ、表れ、出現、身振り、視線など、感覚的出来事と呼び得るすべての弁証法的運動なしには生じ得ないからである。これらの出来事が担っている読解可能性を保証する力について言うなら、その力が有効であるのは、接近を可能にする働きがイメージの有効性のうちに属しているからである。またそのイメージの有効性には、事物の外観や所与の状態を取り去るだけではなく、それらの（過剰に効果が発揮されるところでは、場合に依ると危機が訪れるという意味でひとが見事に語るように）「弱点／感知可能な点」を発見させるということが含まれている。この「弱点／感知可能な点」においては、記憶、欲望、闘争の弁証法的運動を通じ、すべてが分割されるのだ。

したがって、可感的にするとはまた、しばしば最も有能な観察者にも気づかれず歴史を横断する徴候の弁証法を接近可能にするということである（つまり私は、例えばジェイムズ・エイジーやウォーカー・エヴァンスが、おそらく当時の経済学者や歴史家がそれほど明確には理解していなかった経済危機の諸側面を、われわれの目の前に暴き出していると言いたいのだ）。それはまた、モーリス・ブランショが、「特定の政治的決定を行なおうとする社会的諸力の全体としてではなく、その無力さの宣言として理解された民衆の現れ」*68

を喚起するとき、その意味することを理解する仕方でもあるだろう。したがって、「可感的にする」とは、民衆が、自らを「無力」だと宣言しながら、自らに欠け、自らの望むものを要求する亀裂、場所、時間を可感的にするということである。（潤いを欠き、けれど感動的な）ウォーカー・エヴァンスの写真と（ありのままで、けれど詩情に富んだ）ジェイムズ・エイジーの記述は、自らを消滅へと追いやる歴史的、政治的状況と対決した民衆を可感的にすること、そしてその「非‐権力」[*69]の宣言として現われるのである。

したがって、可感的にするとは感覚によって接近可能にするということであり、われわれの知性と同様にわれわれの感覚が常に「意味をなす」とは見なし得ないものを接近可能にするということである。それは、意味内部における亀裂〔欠損〕、指標、徴候としてしか出現し得ない何かである。しかし、可感的にするとはまた、次ぎのような第三の意味においても理解される。即ち、あの亀裂、徴候を前に、われわれ自身が突然、われわれに直接関係しているにも拘らずそれまでわれわれの関心を逃れていた民衆の生活の何かを感じ始めるということである。そこでわれわれは、われわれがその結果、知り、理解し、寄り添おうと望む民衆の歴史における何か新たなものへの感受性を獲得し、それに対し敏感になるのだ。そこでわれわれの感覚は、そして歴史的世界についてのわれわれの意味生産行為もまた、この「可感的にする」という出来事によって、感動を与えられ、動態化されるのだ。ここで「感動させられた〔émù〕」という言葉は、感情を引き起こすという意味と思考に運動をもたらすという意味の二重の意味で用いられている。

したがって、われわれはそこで、（ジェイムズ・エイジーのテクストとウォーカー・エヴァンスの写真との組み合わせによって、われわれにとって感知可能となったような）民衆の「非‐権力」の宣言を前に、弁証法的情動の世界全体と対峙するのである。あたかも、弁証法的イメージを前にわれわれを捉えるあの特殊な情動的＝心的状態が、歴史の読解可能性にとって必要であるかのようだ。弁証法的イメージとは、表現と、表現を分割するパトスとのあいだ、認識可能なものと、これを転覆させる可感的なものとのあいだに生じる運動なのである。

人民と第三の人民

サドリ・キアリ

もし今週の土曜日、特に予定がなければ、（市営地下鉄13号線か首都圏高速鉄道C線に乗って）パリ郊外のサン＝ドニに行き、通行人に質問をしてごらんなさい。アフリカ系かアラブ系のフランス人移民を見つけ、「あなたが属している人民とは何ですか？」と訊ねて見なさい。もしその人が「私はフランス人民の一員です」と答えれば、あなたは彼が体制に媚びる偽善者だとわかるだろう。もしその人が誠実に答えようとするなら、彼はあなたに、「私は、黒人の、アラブ人の、またベルベル人の共同体に属している、またはマリ、モロッコ、ムスリムの、セネガルの、アルジェリアの、あるいはアフリカの人民に属している」と言うだろう。次に、「生粋の」と言われるフランス人を見つけ、同じ質問をして見なさい。その人はあなたに、「私は、白人の、ヨーロッパの、キリスト教徒の共同体に属している」とは言わない筈だ。彼はあなたに、「私はフランス人民の一員です」と答えるだろう。ここに見られる違いは、例えば一方がダンケルク出身であることを誇り、もう一方がマルセイユ出身であることを自慢する二人のフランス人のあいだにおけるように、もし彼らにとって重要なアイデンティティの一つを定義することが単に問われているのであったなら、大した問題を引き起こしはしないだろう。しかし、ある人民の一員であることを標榜するということは、遥かにそれ以上のことだ。それは、社会において自らが帰属するグループを明確にし、国家に対する、あるいはより正確には国民＝国家に対するそのグループの特権的関係を主張するということである。同じフランス人の、（国家によって承認され、国家のうちに自らの拠り所を見出す）多数派と（国家によって認められず、国家のうちに自らの拠り所を見出すことのない）少数派である二つの重要なカテゴリーに属す人びとが、同じ質問に対し相互に対立した回答をするということは、両者にとって深刻な政治的問題を提示しているのだ。

人民は何に抗して形成されるのか

「人民とは何か」という問いに対しては、当然のことながら、「何に抗してその人民は形成されているのか」というもう一つの問いによって答えるべきである。われわれは非常にしばしば、諸個人において同じ一つの人民に属しているという意識を基礎づけるその人民に内在する諸特徴、「物質的」諸要素、物語、神話とはどのようなものかと自問するのである。われわれは、国民について問う場合と同じようにこの問題に取り組むのである。ところで、人民を形成すると見なされているこれらの要素は、潜在的にその人民に敵対し得るその人民にとっての一つの外部が現われるそのときにのみ、集合し、凝固し、明確に区切られた一つの全体として思考されるのであり、またそのときにのみ、これらの要素は集団を動員する潜在的力へと変容し、政治的に意味を持つのである。言い換えるなら、人民の言わば下部構造を形成するこれらの諸要素が偶然的でも恣意的なものでもないとしても、これらの諸要素はそれだけで人民を構成するために十分ではないのだ。これらの諸要素は、人民というまとまりの出現可能性の条件を構成するに過ぎないのだ。この人民というまとまりが実際に結晶化するためには、封建的貴族階級であれ、隣接する人民であれ、政治的抑圧を行使する人民であれ、また害悪をもたらす人民の一部であれ、このような敵対する外部が存在しなければならないのである。人民というものは力の諸関係であり、一つの歴史である。つまり力の諸関係の歴史なのである。それは世界的スケールにおいて人民の概念が頭角を現すことになった歴史である。それは、植民地主義的で資本主義的な近代の歴史である。こう語ることとは、次の二つのことを肯定することである。つまり一方で、人民の概念は、さまざまな社会関係の全体を地球規模で植民地化した一つの政治形態を表現することを可能にするということであり、他方で、人民の概念は、その概念が援用される特殊なコンテクストを反映する多様な意味を含み持つということである。

人民の概念が展開し、特殊な意味作用を獲得する意味の世界は、次の三つの概念相互のさまざまに異なった連結様態に基づいて構築されている。それらの概念とは、国民、市民権／主権[*1]、そしてより下位と見なされた諸階級である。これらの概念の連結様態の複数性についてわれわれが採り上げることができるのは、それらの可塑性、それら相互の浸透可能性、それらが一方から他方へと変容し、さらには互いに混じり合う可能性である。これら三項のそれぞれは、もう一つの項によって吸収され得るし、また完全に消滅し得るのである。私は、その究極的な例証として、民族解放の運動や民族紛争の状況を挙げたい。こうした状況においては、市民権というものが民衆の権力と混ざり合い、さらにこの民衆の権力が国民の主権へと飲み込まれるのである。この場合、複数の階級間に成立する「国民統合」という観念が、住民のすべての構成員を分割不可能な一つの人民＝ネイションに同化させるのだ。反対に、階級闘争の先鋭化や革命的な状況は、民衆をより下位に位置づけられた階層に同化させるだろう。こうした状況においては、国民の主権性というものが徐々に民衆の権力へと溶け込んで行くのだ。われわれは同様に、民族解放の運動が多少なりとも階級闘争と重なる例を挙げることができるだろう。そのとき、人民＝ネイションは住民の下位に位置づけられるカテゴリーと同一化するのだが、その一方で、支配階級は国外勢力と結びつけられ、人民＝ネイションに対して外的なものとされるのである。ここで行なった記述を補完するために、人民がネイションと同じ基盤を手に入れながら、ネイションにまで至らないものとして自らを定義するケースを喚起しよう。それは、とりわけ文化的レベルにおいて、人びとがある種の自律的権限に執着しながら、自らに固有の国家を手に入れることは望まない（あるいは断念する）ということによって起こるのだ（これについて、ヨーロッパ諸国における数多くの「少数民族」を引き合いに出すことができるだろう）。

したがって、人民の概念は経済・社会的領域における特殊な状況に結びつけられるのだ。しかし、これらの状況は人民の概念に明確な意味を与えるのに十分ではなく、この概念の中心には政治権力や、名誉、つまり近代的国家秩序内の身分に関わる差異の分配があるのだ。こうして、人民の概念とはまず政治的概念であることが明らかになる。したがって、この概念には必然的に戦略に関わる次元が存在するのだ。権力というものは常に、人民にとっての現実の、あるいは想定された敵に抗して獲得され、また保持される必要があるのだ。

人種によって／抗して形成される人民

しかしながら、人民をこのように考察する仕方は、上述の三つの要素（国民、市民権／主権、下層階級）に第四の項目を付け加えることを怠るなら、未完成なものに留まるだろう。この第四の項目がなければ、フランスにおける権力関係の理解は中途半端なものになるのだ。私は人種について語ろうとしているのだ。事実、私は、人民の概念がその近代における受容を通じ、植民地支配による人種というものの社会的な生産過程と緊密に結びついた形で構築されたと主張するのである。もっとも近代の歴史において、幾つかの人民は自らが人種に基づいたものであるとはっきりと断言していたし、それはごく近年に至るまで見られた（隔離政策を掲げるアメリカ、ヒトラー政権下のドイツ、南アフリカなど）。しかし、人民の概念の人種に関わる次元は、支配的ブルジョワジーの普遍主義、平等主義によって総じて隠されて来た。実際、人民というものの人道主義的、抽象的概念においては、人種が問題になることはない。同じ一つの人類というものは、さまざまな人民＝ネイションに分けられているのであり、さまざまな人種によって分かち合われているのではない。

性急に行なわれかねない糾弾を回避するために、私は「人種」、より正確には「社会的人種」という言葉に私が与えている意味を明確にしたいと思う。というのも、「人種」とは「人種的特徴を投影された」人間のグループ間に存在する支配と抑圧への抵抗との関係以外ではないからだ。ときとして、事態をよりよく理解するためには、用いられる言葉を変更することで十分なことがある。だから私は、「差別」という語を機械的に「特権」という語に置き換えるよう提案する。数年前からフランスでは、肌の色や出身地、文化に結びつけられた差別が存在すると一般に理解されている。法律はその撤廃を謳っており、さまざまな公的、私的研究機関はその規模を測定し、その直接、間接の論理を理解し、それを抑止するメカニズムを構想しようと努めている。これらの差別は、社会生活のほぼすべての領域に関係するということも同様に知られている。それらの領域とは、民間のまた公共セクターでの経済活動における諸関係、都市景観の整備、司法、教育、住居、文化、レジャーへのアクセス、さまざまな通信手段における表象、政治への参加、公的機関での就業などである。人びとはまた、マグレブ諸国やブラックアフリカからここ数十年にフランスに移住してきた移民出身の民衆や、「海外領土」出身の民衆がとりわけ差別の被害を受けていることを認めている。さてここで、これらの差別を明確にする目的で作成された何らかの表、またはダイヤグラムを見つけ、内容は保持したままでその表現を転倒させてみよう。例えば、私たちは以下のようなデータを手にしていた。「フランス人全体のうち二五歳から五〇歳の人びとの失業率は二〇％である。マグレブ、アフリカ、海外領土出身の親を持つフランス市民の失業率は三〇％である（ここで用いられる数字はまったく恣意的なものであり、喚起される状況も単純化されている。それはただ私の主張を明確化する役割を担っているに過ぎない）」。表を転倒させてみよう。われわれは以下のような数値を手にすることになる。「フランス人全体のうち二五歳から五〇歳の人びとの失業率は二〇％である。白人で、ヨーロッパ出身で、キリスト教徒である「生粋の」と呼ばれるフランス人を親に持つフランス市民の失業率は一〇%である」。これはもはや、差別に関する表ではなく、特権に関する表である。社会生活の他の領域についても同じやり方で表現を転倒させて見るなら、われわれは、人種差別に基礎を置く社会についての明確なイメージを手に入れることができるだろう。つまり、白人で、キリスト教徒で、ヨーロッパ出身であるという、公然と認められることも認められないこともある、一つのステータスによって定義された人民の一カテゴリーに付与される特権を特徴とする社会である。私は、この特権は同じように国家権力へのアクセスにも関わるのであり、これは人種差別の社会システムにとって防御壁の役割を果たすのだと付け加えよう。したがって、社会的人種という言葉を通じて、社会内のさまざまなグループ間の権力闘争を前提とした位階序列の存在を理解すべきである。これらのグループを区別するのは、周知の、あるいは暗黙のステータスであり、この位階はまた、ヨーロッパ人による世界の植民地支配の運動を通じて構築された、肌の色や文化という指標に則して人間を序列化するのであり、それは現代の帝国主義的支配形態を通し継続しているのだ。

おそらくフランスにおいては、国家的イデオロギーが、フランス人民による自国の価値観の普遍化（被支配地域の文明化）という使命を軸に構築されているため、人種に基づいた位階序列の隠蔽がとりわけ顕著に見られる。帝国主義的時代には、共和国憲法が「真の」フランス人と植民地における「原住民」とのあいだに身分の違いを明確に規定していたのだが、植民地支配を実施する国家自体は、フランス人民という概念の人種主義的色合いを隠すことを好んでいた。幾つかの極右団体を除けば、同様の否認は、保守派においてと同様に左派の大多数のうちにも残存しているのである。仮に私が「フランス人民とは白人のフランス人民のことである」と書くなら、私は実際に、白人の優越性を認めるものと同じ言葉を用いるとして非難を受けるだろう。しかし私には、「フランス人民とは白人のフランス人民のことである」と書くことしかできない。そして私は、より明確に語るために、「白人の、そしてヨーロッパに住むキリスト教徒出身の」と付け加えるだろう。他のものたち、白人でヨーロッパ出身のキリスト教徒に生まれる好運に恵まれなかったものたちは、人民でありながら人民ではないのだ。彼らは第三の人民である。このように語るのは、ネオナチの闘士が言いそうなことを述べることではなく、多少ともはっきりとすべてのフランス人たちが考えていることを口にすることである。それはとりわけ、非 - ヨーロッパ人である移民というマイノリティを前にした、多数派である白人 = ヨーロッパ人 = キリスト教徒の権力に対する、権力機関に対する関係を語ることである。

さらにひと言付け加えよう。フランス人民のイデオロギーと、人民を構成する制度とを集約する「共和国契約」とは、民主主義的市民権の確立と権利の社会的再分配を目指す妥協、そして国民＝国家の優越性の主張などを骨組みとしているのだが、以下のような多くの政治的掛け金が重なり合う点に打ち立てられているのだ。それらは、フランス国内の社会的、政治的紛争の解決、他の帝国主義的諸国家との覇権争い、植民地の拡大などである。フランス人民、フランス国家、フランス国民などはここから生み出されているのであり、それらは植民地支配から生まれた権力関係に沿って形成されているのだ。さて今日、複数の要因がこの制度的骨組みを脅かしている。自由主義的な金融のグローバル化、EU機構の法制化、フランス帝国主義の影響の後退、植民地出身の非白色人種である民衆の影響力の増大などである。数年来フランス国内では、政権を握るのが保守派であろうと社会党であろうと、人種主義的政策の実施が見られるのだが、その無視できない理由のひとつとは、国家の骨組みを掘り崩し、国家が統御することのできない上述の要因の有害な影響を食い止めるために、「共和国契約」の人種に関わる次元を補強しようというものである。共和国の「諸理念」及び／あるいは国家的アイデンティティと、植民地からの移民出身であるフランス人の「文化」や信仰との両立不可能性という名目、また移民の流入を制限し、阻止し、フランス人労働者の雇用機会を守り、テロ行為や治安の低下と闘う「必要性」という名目のもと、人民の概念は、白人であり、ヨーロッパ出身でキリスト教徒である、いわゆる「生粋のフランス人」というものを核として打ち固められている。言い換えるなら、こうした政治は、かなり不安定なものとなったフランス人民の概念を最も安易なやり方で再構築しようと狙うのだ。つまりそれは、非‐白色人種を排除するという仕方である。より国家主義的色彩の強い潮流が「生粋」という点を強調するとするなら、よりリベラルでグローバリズムを標榜する潮流は、ヨーロッパ人民なるものの基盤ともなるヨーロッパ出身の白人という「アイデンティティ」への参照を、非‐白人を同様に閉め出しながら特権視するだろう。[*2]「共和国契約」の陥った危機を前に、また議会内多数派勢力の人種主義的な攻勢を前に、急進的な左翼は自らの採るべき道をなかなか見出せずにいる。

急進的左翼の国家主義への傾倒

エコロジストや極左グループに属す幾人かの人びとを除いて、現在あらゆる政党が「主権」の重要性を唱う言説を掲げている。選挙戦に名を連ねる主要な諸政党（国民運動連合（UMP）とその同盟関係にある諸政党、社会党、および同盟関係にある諸政党、国民戦線（FN））においては、こうした「主権」の重要性を唱うレトリックが逆説的にも、リベラルなグローバリズムの主要なメカニズムの擁護と手を組んでいる。しかしこのレトリックは、選挙を有利に戦うためのデマゴギーとして説明されるものではない。このレトリックは、より意義深い（この場合人種主義的な）機能を帯びており、彼らが郊外で起きる諸問題や移民問題を扱う仕方を見れば、この点について疑う余地はない。[†1][†2]

急進的左翼によって組織された勢力の大半はそれ自体として、人民の概念と人民主権の概念とを軸に生み出された国家主義的パラダイムの再生という動きを逃れてはいない。この傾向の最も顕著な現れは疑いなく、左翼戦線[†3]と、社会党を離党した後フランス共産党に入党したジャン＝リュック・メランションを中心にした「左翼における左翼」の再編である。そしてメランションは「人民主権」というテーマを核とし、反リベラリズムを掲げた国家主義的な演説を繰り広げている。二〇一二年に投票が行なわれた大統領選では、メランションは、「フランス人民万歳」、「フランス人民の手に権力を」という二つのスローガンに要約される選挙活動を展開したことによって、有権者の一一％の票を獲得した。メランションはその選挙運動において、グローバリズムが推進する自由主義の論理と国際的金融機関や欧州中央銀行によってフランス人民の手から奪われた「主権」回復の必要性を強く主張したのだ。メランションが人民主権の概念に国民主権の概念を置き換えることを入念に避けていたとしても、それでもメランションは「祖国」の概念を絶えず引き合いに出しさえしながら、（三色旗、フランス国歌『ラ・マルセイエーズ』、人権と人類に普遍的価値の祖国としてのフランスという神話など）フランス国家主義の主要なシンボルを前面に押し出そうと腐心していた。さらにメランションは、彼にとって国際政治におけるフランスの大国としての役割の再興や、増大する経済力などと混ざり合うフランスの国家としての自立性や、広大な海域の開拓と全世界におけるその（旧植民地を通じた）プレゼンスの拡大、フランス語圏諸教育機関のフランスの文化的影響力増大の手段としての使用、さらには軍事力、諸外国との同盟関係などを改めて肯定する意志を示したのだ。そしてこの諸外国との同盟関係について言えば、「新興国」を呼び込むことを目指した新たな同盟関係の構築が、現在のアメリカに対する追従を打破することを可能にすると言うのだ。*3 確かにメランションは、民衆の訴える社会的諸要求を責任をもって引き受けており、これは彼の左翼政治への参与を強く印しづけている。彼は自由主義的無秩序に対立し、大衆階層に破壊的な影響を及ぼす制御不能となった金融グローバリズムにも反対している。同様にメランションは、アメリカの覇権拡張路線とその傲慢を非難している。しかしながらメランションの政治的企図は、そこでフランスが最大の役割を果たす新たな国際政治上の中心を構築しようという国家主義的で帝国主義的な展望に組み込まれているのである。フランスはそこで、かつての栄光を取り戻すだろうというわけである。このことは、メランションを支持する左翼の言説に現れる人民概念の曖昧な性格を物語っている。その概念においては、市民権と人民主権の概念が、国家の至高な権力に強く結びつけられており、これはまた覇権を求める政治というものの条件にして目的でもあるのだ。したがって、人民とは下層階級に属すものの同義語として現れるのではなく、下層階級が古びた「共和国契約」の復権を通じ、帝国主義的なフランス共和国に連帯する形態として現れるのだ。いずれにしても、この「共和国契約」とは、民主主義的な諸権利の拡大と社会階層再編のメカニズム、そして国家主義などを統合するものとして理想化されているのだ。

移民出身の民衆や大衆階層の多く住む地域に対するメランションの政策は、この点で一貫性を見出している。新自由主義を信奉する諸政党が人民を支える社会構造を保護することができずに、古くからの「共和国契約」の人種主義的側面を強化しようと努めるのに対し、メランションの戦略は、その人種主義的論理よりもむしろ、「共和国契約」の市民権や社会の再編、また国民の統合に関わる次元を優先することで、正反対の論理に属しているのだ。こうしてメランションは、たとえ白人の有権者を配慮するためにある種の慎重さを持ち続けるにせよ、移民や下町の住民の民主主義に適った社会的諸権利を擁護することができるのであり、この点において保守政党や社会党の政治家とは区別され得る。しかし同時に、彼によれば人民の主権とフランス国家の原型の根幹をなす基盤でもある、「統一され、分割不可能な共和国」、及びその諸原理への異議提起を容認することは、メランションにとって問題となり得ないのだ。

したがってメランションは、黒人、アラブ人、イスラム教徒であるフランス人に対して、「唯一にして分割不可能な人民」、それを構成する諸制度、その支配的文化、その「国民」としての歴史、及びその諸規範のなかに同化することしか提案できないのだ。こうして、一例だけを挙げるなら、メランションは「イスラム恐怖症」という概念を用いた批判の有効性を否定することを躊躇わず、世俗性擁護のキャンペーンを引き継ぐことを躊躇わないのだ。つまりそれは、イスラム教徒である民衆を追放するための道具、また白人でキリスト教徒かつヨーロッパ出身であるフランス人の規範に対して、目障りで、脅威的と見られた宗教の有徴化のための道具なのである。しかし、同化を求めるこのようなやり方は、それがイスラム教徒に対して行使されようと、旧植民地からの移民出身の他のグループに対して行使されようと、人民の外部へと彼らを排除することをはっきりと意味している。言い換えるなら、左翼戦線において多く受け入れられた人民の概念は、フランスにおいて不遇を強いられた民衆全体を表現しようというその野心にも拘らず、黒人、アラブ人、イスラム教徒の非‐市民としてのステータスの保持、つまり最も不利益を受けている社会階級の大きな一部分を政治の領域の外部へと追放することとの継続に貢献しているのだ。この点について意義深い一例を挙げよう。移民出身の民衆がとりわけ多く住むアミアン郊外で最近起きた若者の反抗について、左翼戦線のリーダー〔メランション〕が行なった辛辣なコメントである。ありきたりの交通違反取り締まりをきっかけとして起きた反抗の動機とは、庶民階級の多く住む地域の住民、とりわけ非‐白色人種が恒常的に犠牲となっている警官による迫害である。この種の状況に頻繁に見られるように、一軒の学校校舎と何台かの車が放火され、抗議行動参加者との激しい衝突の結果、一六人の警官が負傷した。暴徒たちの怒りを正当化するいかなる理由をも見出すことができず、メランションはまったくおめでたくも彼らを「愚かもの」、「道化」、「資本主義の下僕」と形容した。「左翼戦線二〇一二年サマーフェスティバル」において行なわれた討論に際して、フェリックス・ボジオ・エヴァンジェ＝エペ[†4]とステラ・マグリアーニ＝ベルカセム[†5]は次のようにこの問題を明確にした。「メランションの用いる極端に暴力的で侮蔑的な言葉の背後には何があるのか。こうした罵りの背後にあるもの、それはこれらの若者はメランションが集合させようとする「人民」ではなく、彼らの反抗は正当なものではないという考えでしょう。つまりそれは、こうした反抗の掲げる諸要求を否認することでしょう[*4]」。

「低所得者層」を結集させるべく努める左翼の政策という観点から見れば、同質的、あるいは潜在的に同質であり得る人民を参照対象とすることは、いずれにせよ袋小路にはまり込むことを意味する。移民出身の民衆にとっては、唯一の「フランス人民」に吸収されることなど目指されていないのに対し、下層階級に位置する「生粋の」フランス人においては、ラディカルなコノテーションを帯びた国民の観念は非常に強い影響力を持ち続けている。すべては社会・経済問題への取り組みを通じ解決し、「コミュノタリズム」や人種差別主義的なナショナリズムといった有害なイデオロギーは、社会構造の変革を目指す闘争のダイナミズムによって消え去るだろうと考える左翼の活動家たちのように、こうした問題を考慮しない姿勢は、あまり真摯なものとは言えない。このような政策方針は、多くの労働者や失業者たちにその「客観的利益」に反した投票行動をとらせる諸々の動機を理解し、対応することができない。それらの動機は、人権の尊重、名誉、尊厳、社会的承認などの概念に深く関わっているのだ。

いかにしてフランス人たらずしてフランス人であり得るのか

「国内において植民地支配を受ける」ものたちの観点から見るなら、戦略上の困難はやはり厳しいものである。こうした困難は、人種隔離政策を行なっていたアメリカにおいてすでに提示されていた。同化政策を支持する黒人のリーダーたちに、マルコムX[†6]はこう反論した。「しかし、友よ、あなたがこの国において一度もアメリカ人として扱われたことがないのに、どうやってあなた自身をアメリカ人と見なすことができるというのか。［中略］想像して下さい。二人の男がテーブルについて夕食を摂っているとしましょう。そして私が入って来て、彼らのテーブルに同席するのです。彼らは食事を続けますが、私の前には空の皿があるだけです。われわれが同じテーブルについているという事実だけで、われわれを同じ会食者だと見なすことができるでしょうか。彼らが私に私の分の食事を与えない限り、私は夕食を摂ることはないのです。夕食を摂るためには、会食者と同じテーブルについているだけでは十分ではないのです。[*5]」これはまさに、フランスにおいて二〇〇五年一一月に起きた抗議行動の参加者たちが、テレビカメラの前で自分たちの身分証明書を引き裂きながら、彼らのやり方で示したことだ。マルコムXは先のメタファーをさまざまな機会で繰り返し用いている。それは、彼が分離政策を支持していたときに、「イスラム人民」という組織のスポークスマンとして行なった演説にも見られるが、その後、分離主義を断念した後にも彼はこのメタファーを使い続ける。それ以後、彼はアメリカ在住の黒人を指して、曖昧さを一切排すことはできなかったとはいえ、アフロ＝アメリカンという言葉を使うことになるだろう。それは、今や黒人と白人が同じひとつの人民、同じひとつの国家に属しているということを意味するためではなく、反対に、差異を際立たせ、黒人たちが、白人たちと共に同じ人民主権に参与しながらも、彼ら自身のための自律的な権威を所有する必要を肯定するためだったのだ。マルコムXは、このような政治姿勢が提示する諸問題を解決することなく、亡くなった。[*6]

同種の問題はフランスにおいても提起されている。私たちが人種的マイノリティに属しているとき、人民全体に共通の制度的空間において、どのようにして自らのための政治を構想することができるだろうか。[*7] この戦略的問題は、私たちが多数派である白人の視点に立つか、新たな被植民者の立場に立つかによって異なった仕方で提示されるだけに複雑である。この問いは、脱＝植民地支配のプロセスの完遂という形においてしか、全フランス人民に共有可能な解決を見出すことはできないだろう。そしてこのプロセスとは、目的達成までの長い移行期間のあいだずっと、単数で考えられたフランス人民と現実に存在する複数の人民とのあいだで、ダイナミックであり、また激しい衝突を通じた調停を行なうことであるだろう。さらにこの調停の可能性は、多様な民族的、文化的規準やアイデンティティに関わる規準を考慮し、制度化する政治的共同体の再構築に基礎を置くだろう。もうひとつの左翼の政治とは、抑圧的ではない移民政策や、人種差別に対する諸方策を講じることで満足することはできない。もちろんこれらはすべて火急の課題ではあるし、それはフランス国家による帝国主義政策の追求を断ち切ることが必要なのと同様である。しかし、もし左翼が効力を発揮したいのであれば、左翼は「国民のアイデンティティ」についてのもうひとつの政治をなしで済ませるわけには行かないということを認めなければならない。私は、かつてサルコジ支持の保守が人種差別政策を正当化するための道具としていたこの「国民のアイデンティティ」という言葉を意図的に用いている。というのも、実のところ、この問題に対して与えられた解答はまったく不十分であったからだ。実際、この問題の真の目的を暴き出すことも、その欺瞞を糾弾することも十分ではなかった。反対に、この言葉を奪い取り、脱植民地化の観点から国民の問題を問い直し、人民の概念に複数的なものを導入し、更新された人民主権の定義のただなかにおいて、社会・経済的権力の再配分と文化的・象徴的権力の再配分を組み合わせるべきであったのだ。[*8] もし、支配的な「フランス文化」の代わりに、他のさまざまな文化が国家内に「浸透」せず、マイノリティに彼らの文化や彼らの世界観を発展させるために必要な権威を授ける「自己規定」の合法的諸形態が出現しないのなら、今日フランスにおいてはさまざまな文化が開花する権利を有するなどと主張することは、ほとんど意味をなさない。今日、地域的マイノリティについては部分的に認められている集団的文化への権利の原則は、領土を持たないマイノリティについても認められ得るだろう。他方で、フランスにおいてはあらゆる宗教で信仰告白をすることに同じ権利が認められていると主張することは、左翼が早急に告発すべきペテンなのだ。左翼がそうすべきなのは、世俗性を「徹底」するためではなく、こうして信仰というものを正当な社会的欲求と考えるためなのだ。

もうひとつの大きな問いとは、間違いなく「フランスの歴史」、そして国民統合を行い、人種主義を推進するその機能に関わる問いである。それは、学校の教科書のなかでマイノリティの歴史に僅かなページを割くことが問題なのではなく、植民地支配に関する「複数の記憶」を和解させること（入植者と被植民者の記憶をどうやって和解させるというのか）でもないし、さらにはまた、歴史というものを歴史家に委ね、つまり政治から分離させることが問題なのでもない。そうではなく、フランスに住むさまざまな民衆の多様な歴史に、国家、社会内におけるその場所を取り戻させるということなのだ。

ここに示したのは幾つかの方策の端緒であり、脱植民地化プロセスの限界を広げる可能性を持つ力強い調停案として表現され得ることを「アイデンティティ」に関わる領域において構想するために、これらの端緒は掘り下げられ、拡張され、明確にされる必要がある。

左翼にとっての課題は、結局のところ変化のない旧来の図式に従いながら、自らを刷新することや、よりラディカルになることなのではなく、自らのただなかにおいて真正な文化革命を開始することなのだ。私は左翼に属す人びとの寛大な精神を疑ってはいない。しかし政治において寛大さとは、決して懐柔政策とかけ離れたものではなく、後者はさらに支配から隔たってはいないのだ。したがって左翼にとっては、自らの普遍性についての幻想と手を切る必要があり、同様に、その普遍性とは抑圧を受ける人びとからなる唯一の人民の表現ではなく、それはわけても、左翼が打ち破る術を知らなくてはならない白人の特権の表現であると学ぶ必要があるのだ。もし左翼が、一にして多である人民の真の主権を制定するという計画をめぐって、白人の大衆階層と移民出身の大衆階層とのあいだで、政治的同盟関係を構想可能なものにしたいと願うのであれば、彼らはその特権を打ち崩す術を学ばなくてはならないのだ。

ジャック・ランシエール

不在のポピュリズム

ヨーロッパではポピュリズムの危険を断罪する言説が聞かれない日はない。とはいえ、この語が正確に何を意味しているのかを理解するのは容易ではない。一九三〇年代から四〇年代の南米においてこの語は、議会制の代表形式を超えて、人民と統治者とのあいだに、後者による前者の直接的な体現という関係を制定する統治形態を意味していた。ブラジルのヴァルガス[†1]やアルゼンチンのペロン[†2]に原型が確認されるこの統治形態は、ウゴ・チャベスによって「二一世紀の社会主義」と命名されもした。しかし今日ヨーロッパで、ポピュリズムの名で指し示されているのは別の何かである。それはひとつの統治形態などではない。反対にそれは、現行政府の政策に対するある種の拒絶を示す態度である。現在のわれわれの政府の閣僚やそのブレーンたちが定義するポピュリズムとはどんなものだろうか。支配的な言説は、さまざまな表現の幅はあるものの、次の三つの特徴によってポピュリズムを規定しているようだ。まず、代表者や有力者たちを飛び越えて、直接民衆に語りかける話し方。政府や政策執行に携わるエリートたちは、公共の利益よりも彼ら自身の利益を配慮しているという主張。最後に、外国人に対する恐怖やその排斥の必要を伝える、アイデンティティに訴えることを狙ったレトリック、である。

しかし、これら三つの特徴を結びつけるいかなる必然性も存在しないことは明白である。権力の源泉であり、政治の言説が優先的に呼びかける対話者でもある、民衆と呼ばれるものが存在すること、それはわれわれの憲法が肯定していることであり、かつて共和主義者や社会主義者の演説家たちが何の躊躇いもなく謳い上げていた信念だったのだ。そこにはいかなる人種差別や外国人排斥の感情も結びついていなかった。わが国の政治家たちが、市民の未来などよりも自らのキャリアのことを慮っているということ、政府首脳たちが巨大な金融グループの利益代表と密接に結びついているということ、このことを表明するために煽動家の言を待つまでもない。ポピュリズムの政治家の逸脱を糾弾するその同じ報道機関が、このことについて毎日われわれに詳細な証言を伝えてくれている。一方、ベルルスコーニやサルコジなどポピュリズムを実践していると非難される国家元首や政府は、エリートは腐敗しているという「ポピュリスト」的な考えを普及させないよう警戒を怠らない。「ポピュリズム」という言葉は、明確に定義された政治勢力の性格づけに役立つのではない。反対にこの語は、極右から急進的左翼までのさまざまな政治勢力間にその語自体が生み出してしまう混合状態から利益を引き出しているのだ。この語は、ひとつのイデオロギーや一貫した政治姿勢を指し示しているのではない。それは単に、ある種の民衆のイメージを描き出すのに役立つのである。

というのも、いわゆる（単数で考えられた）「民衆」なるものは存在しないからだ。存在するのは、相互に異なり、さらに対立し合いさえする民衆のさまざまな形象なのであり、それらの形象は、ある集合様態、幾つかの特徴、ある能力や能力の欠如を際立たせることによって構築されるのだ。領土や血縁を基礎とする共同体によって規定される民族的「民衆」、善良な牧者によって管理される畜群である「民衆」、いかなる特殊な権能も有さない人びとの権能に実効力を与えるものとしての民主主義的「民衆」、寡頭政の執政者が遠くから繋ぎ留めておく無知な「民衆」などである。ポピュリズムの概念は、（多数からなる群れの粗野な力としての）能力と（この多数者に割り当てられた無知としての）無能力の恐るべき組み合わせによって特徴づけられる民衆を構築しているのだ。第三の特徴である人種差別主義は、この構築物にとって本質的なものである。常に「おめでたい理想主義」を追求しかねない民主主義信奉者たちに、民衆の根本が本当のところ何であるのかを示すことが問題なのだ。それは同時に、裏切りものと決めつけられた統治者たちと、恐怖の対象である外国人に向けられた素朴な排斥衝動に突き動かされた群れなのだ。統治者が裏切りものと見なされるのは、民衆が政治のメカニズムの複雑さを理解できないからであり、外国人が恐怖されるのは、人口の増大、経済、社会構造の発展によって脅かされた生活環境への時代遅れの執着からである。ポピュリズムの概念は、統治者に敵対する民衆と「他者」一般の敵である民衆の両者の総合をお手軽に実現するのだ。ポピュリズムの概念はこのために、パリ・コミューンと労働運動の興隆に恐怖を覚えたイポリット・テーヌ[†5]やギュスターブ・ルボン[†5]のような思想家が、一九世紀末に作り出した民衆のイメージを再び舞台に上げなくてはならないのだ。そのイメージとは、「煽動家」たちの呼びかけに陶然となり、統制不可能な噂や伝染性の強い恐怖の伝播によって極端な暴力へと導かれる群集のイメージだ。もちろん、このカリスマ性のある指導者に率いられた盲目的群集の伝染病のような猛威というイメージは、これら思想家がスティグマ化しようと狙っていた労働運動の現実からひどくかけ離れていた。とはいえ、これら思想家はむしろ、現代の社会における人種差別主義の現実を記述することに適しているわけでもない。移民と呼ばれる人たち、とりわけ「郊外の若者」について日々口にされる苦情がどれほどのものであっても、それらの苦情が多くの民衆を動員した示威行動の形を取ることはない。現在わが国で人種差別主義の名に値するものは、その本質において二つのものの組み合わせから成っている。それはまず、民衆からの要求などとは無縁な清潔きわまりない会社屋内で実施される、雇用口や住居を求める人びとに対する差別である。次に、国家が実施する膨大な数の措置である。それらは、入国制限、数年来フランスで労働し、社会保障費や税金を支払っている人びとに滞在許可証を交付することの拒否、国籍取得権の制限、禁固刑と国外追放という二重の刑罰、スカーフやビュルカ着用を禁じる法、国外退去執行や放浪生活者キャンプ撤去率のノルマ化などである。幾人かのおめでたい左翼の政治家たちはこれらの措置に、われわれの政府が「選挙戦を有利に進めたい」という理由から極右の掲げる政策に対して示した譲歩を見ることで満足するだろう。しかし、これらの諸措置のどれ一つとして、民衆の示威行動に応えて採択されたのではないのだ。それらの措置は国家に固有の戦略に帰せられるのであり、また資本の自由な循環と人間の移動に対する制限とのあいだに国家が設定しようと腐心する均衡に適ったものなのだ。これらの措置は、労動者としての、また市民としての権利という点で一部の住民の生存を不安定なものとすることを、そして常に本国へ送り帰され得る労動者と、フランス人であり続けることを保証されないフランス人とからなる民衆を形成することを枢要な目的としているのだ。

これらの措置はあるイデオロギーの普及活動によって支えられているのだが、それは国民的アイデンティティを性格づけるある特性へのこれら〔移民出身の〕民衆の非‐帰属という事実によって、彼らの諸権利の縮小を正当化するのだ。しかしこの普及活動を開始したのは、国民戦線〔FN〕の「ポピュリスト」たちではないのだ。「あの人たちは、無宗教ではないのだから、本当のフランス人ではない」といった一見反駁困難な論法を見出していた世俗性が、（左翼の、と言われる）知識人たちなのだ。かつて国家の機能上の諸原則を規定していた世俗性が、こうして諸個人が所有している、あるいはしかじかの共同体への帰属によって手放してしまう特性となったのだ。祈りを捧げるイスラム教徒が一九四〇―四四年のあいだのドイツ人のようにわれわれの街を占拠しているという、マリーヌ・ルペンが最近犯した「失言」はこの点において示唆に富む。事実、この「失言」は共和主義的と言われる語り口を纏って至る所に出回っている、「イスラム教徒＝イスラム武装勢力＝ナチス」という推論の連鎖を具体的イメージのうちに圧縮しているだけなのだ。「ポピュリスト」と言われる極右は、民衆の身体の深奥から発散する特殊な外国人排斥感情を表現しているわけではない。極右は、国家の戦略やお上品な知識人による世俗性イデオロギーの普及活動を自己の利益のために売り込もうとする手先に過ぎない。今日、われわれの国家はセキュリティを保障する能力の上に、その正当性を基礎付けている。しかしこの正当化のプロセスは、われわれを脅かす怪物を絶えず指し示し、恒常的なセキュリティ不足の感情を培う必要性を相関物として持っている。このセキュリティ不足の感情はと言えば、経済危機や失業のリスクを路面凍結やホルムアミドのリスクに混ぜ合わせ、遂にはすべてをテロリストであるイスラム原理主義者の究極の脅威へと収斂させるのだ。極右は、移民を対象とした省庁の諸措置や、世俗性にまつわるイデオロギーの鼓吹者の語り口が描き出すありきたりな形像に、肌の色や人種への偏見という色づけをすることで満足しているのだ。

このように「ポピュリスト」も、儀礼化したポピュリズムの断罪が俎上に乗せる「民衆」も、その実それらの定義に対応してなどいない。しかしその幻影を振りかざす人びとにとって、それはどうでも良いことだ。移民やコミュノタリズム、あるいはイスラムについての議論を他所に、彼らにとって重要なのは、民主主義的な民衆の観念そのものを危険な群集というイメージと混ぜ合わせることなのだ。本質的なことは、われわれは統治者に身を委ねるべきであり、彼らの正当性、完全性に意義を唱えることは全体主義に突き進むことだという結論を引き出すことなのだ。二〇〇二年の大統領選に際し、ルペンに反対する勢力が掲げていた最もおぞましいスローガンは、「ファシズムを実践するフランスよりも腐敗した共和国の方がましだ」というものだった。ポピュリズムの恐ろしい危険についての最近の騒々しい宣伝は、われわれには他に選択肢がないという考えを理論的に基礎付けようとしているのだ。

原注

ピエール・ブルデュー　**「大衆的（人民の）」といったのですか？**

＊1　とりわけ微弱な（あるいは否定的な）成果に比して、科学的客観化のための労力が非常に大きいことは、これらの事柄についての知の現状と無関係ではないだろう。

＊2　*Petit Robert*, 1979, p.17.

＊3　国家社会主義が行なった「民族の völkisch」という語の使用に際し、このような意識的あるいは無意識的な移民の排除が果たした役割は知られている。

＊4　この点については以下を参照されたい。H. Bauche, *Le langage populaire. Grammaire, syntaxe et vocabulaire du français tel qu'on le parle dans le peuple de Paris, avec tous les termes d'argot usuel*, Paris, Payot, 1920. 及び、P. Giraud, *Le français populaire*, Paris, Presses Universitaires de France, coll. « Que sais-je? », n°1172, 1965. そして同じ観点から、H. Frei, *La Grammaire des fautes*, Paris-Genève, Slatkine, Reprints, 1971.

＊5　J. Cellard et A. Ray, *Dictionnaire du français non-conventionnel*, Paris, Hachette, 1980, p.8. を参照のこと。

＊6　このことについては例えば、（女性同士の会話のように）最も緊張度の低い交渉の場〔市場 marché〕においてスラングに属す語彙がほぼ完全に不在であることを示すだけで十分であろう。

このようなケースにおいてスラングに属す語彙は、対話をする女性の一方が（「さっさと俺の前から消えちまえ！」といった）男の発言を引用するときにのみ現われるのであり、彼女はこの後直ぐ続けるのだ。「あの人ったらこんな風に話すのよ、そう昔風のパリのいたずらもので、いつもキャップを少し斜めに被って、ちょっと品がないの、ええ、そうなの、わかるでしょ」。少しして、同じ女性は「ゼニ〔pognon〕」というスラングを用いるのだが、それは彼女があるビストロの主人の語ったことを伝えた後であり、その語はビストロの主人の語りに含まれていたのだ（Y. Delsaut. « l'économie du langage populaire », *Actes de la recherche en sciences sociales*, 4, juillet 1975, p.33-40. を参照のこと）。経験的な分析は、ある語がスラングに属すのか、あるいは正規の言語に属すのかということについて、（観察者の定義を押し付けようとするのではなく）話者たちが抱く感情を規定しようと努めるべきであろう。それによって、とりわけ「誤用」として記述される多くの言語使用の特徴を理解することが可能になるだろう。それらは「誤用」と言うよりも、不器用に発揮された差異化〔distinction〕のセンスの産物なのだ。

＊7　それによって、下品さや上品さの循環的で同義語反復的な多くの定義と同様に、正規の言語というものが、堂々巡りをする空虚な見かけとは裏腹に、非常に頻繁に支配者たちを利するように機能する、という事態がもたらされるのだ。

＊8　素朴な社会言語学や、その言語学に惹起され、導かれた家庭や学校教育の早期の介入が、話者の言語の維持や変化に対して果たす役割が無視できない以上、言語の変化についての社会言語学的分析は、さまざまな教育的実践を課しているこの種の言語使用に関わる権利や慣習を等閑視することはできないだろう。

＊9　アンリ・ボーシュは、「大衆言語」の概念自体を生む原理上の分割を受け入れながらも、次のように主張している。「ブルジョワ的な話し方は、その日常的な使用に際して、卑俗な言語とのあいだに多くの共通する特徴を示している」（前掲書、p.9）と。またボーシュはこれに続く箇所で以下のように述べている。「スラング（さまざまなスラング）と大衆言語との境界線は、ときとして画定が困難である。また、一方で大衆言語と日常言語との境界はかなり曖昧であり、他方で、いわゆる大衆言語と、卑俗な人びと、底辺の人びとの言語との境界も不明確である。それは、厳密な意味で大衆に属すのではなく、訓練や教育を欠く人びとであり、ブルジョワたちが「下品な」と呼ぶ人びとである。」（前掲書、p.26）

＊10　複雑で分析を要する諸々の理由から、支配的な物の見方はこの点を大きく取り上げないが、男性的なものと女性的なものとの対立は、「民衆」についての最も典型的な諸対立を生み出す原理のひとつである。それは例えば（頭部と腹部との対照法に従った）、移り気で享楽に飢えた「女性的」下層民といったものだ。

＊11　これが、「本当の本物」と呼ばれるものたちの口語の称揚が呈する両義性である。そこに表現される世界観と、「猛者のなかの猛者」の持つ男性的美徳は、ファシスト的傾向を持つ人種主義と国家主義、権威主義の組み合わせである「右翼的民衆」の在り方に極端な表現を見出している（*Z.* Sternhell, *La droite révolutionnaire 1885-1914, Les origines du fascisme*, Paris, Seuil, 1978. を参照のこと）。こうした観点に立てば、作家セリーヌのケースが提示している見かけ上の奇怪さがより理解可能なものとなるだろう。

＊12　あらゆる観点から、「猛者」と呼ばれるタイプの人格は今日、就学期間の長期化に伴い、学校

が要求するさまざまな服従に抗う形で学校生活を通じて形成されるように思われる。

＊13 無意識のうちに、（機転、創意、能力などの）差異や差異化の探求の可能性自体を排除するよう仕向けることは、黄色人種であれ黒人であれすべての「貧乏人」は似通っているとする階級に関わる人種差別の効果のひとつである。ポピュリズムを特徴づける「大衆的なもの」の無差別な称讃は、「生粋のフランス人」が無力で、愚かで、下品だと判断するさまざまな表現を前に、信頼し切って陶然となるよう導き得るのであり、あるいは結局同じことだが、この「大衆的なもの」の無差別な称讃は、「卑俗な」言葉のなかで一般的レヴェルを超えるもののみを取り上げ、これを一般的な口語を代表するものとして示すよう促すのだ。

＊14 おそらく、移民家庭出身の若き「猛者」たちはひとつの限界を提示している。それは、彼らが貧しい若者たちの反抗を、学校や日常的人種差別に象徴されるフランス社会の全面的拒絶にまで推し進めるからである。しばしば、経済的、文化的に最も貧しい家庭出身の若者たちの反抗はその原理を困窮、社会への幻滅、学業の不振などを通じ見出している。

＊15 P.E. Willis, *Profane Culture*, Londres, Routledge and Kegan Paul, 1978, とりわけ p.48-50. を参照のこと。

＊16 この分類の原理とその適用範囲の広さを示す典型的な例証として、（かつての鉱夫だった）ひとりの大工の例を挙げるだけで十分であろう。彼は、（関連性のあるタームを結びつける能力分析のテクニックをモデルとして考案されたテストで）さまざまな職業を分類し、それらクラス分けされたグループに名前を付けるよう求められた。彼は身振りを交え、（彼にとってはテレビ番組の司会者を代表とする）高等教育を要する職業群をまとめて指し示し、こう言ったのだ。「あ

いつらはみんなオカマだ」（*Enquête*, Yves Delsaut, Denain, 1978）

＊17　より一般的には、多少とも露骨な性的事柄の喚起や、生理学的次元への感情の平板化された投影が、（曲言法とは反対に、多くを語ることで意味するところの少ない）誇張や反語を用いた婉曲語法としての価値を持つという理由で、この種の語彙は、話者の参与する交渉の場が変わるとき、文学的言い換え、あるいは語彙論上の考察が目指されているのかに応じ、まったく意味を変えてしまうのだ。

＊18　今日学校に見られるこのような状況の等価物はこれまで、兵役という形でしか見出されなかった。おそらく兵役は、スラングに属す口語形式の生産や学習のための主要な場のひとつだったのだ。

＊19　小規模店舗の店主やとりわけビストロの主人は、特に彼らが（職業上の必要条件の一部でもある）社交性という美徳を持っている場合、労働者にとっていかなる嫌悪の対象にも成り得ない（この事実は知識人や、労動者から真の文化的障壁によって隔てられた、文化資本を持つプチ・ブルジョワジーが仮定する傾向にある事態とは裏腹である）。彼らは非常にしばしば、その経済的豊かさから得ている安定性や余裕によって、ある種の象徴的権威（これを話題にすることはカフェのおしゃべりにおいてさえ暗黙のタブーではあるのだが、この権威は政治的な領域においても行使され得るのだ）を享受しているのだ。

＊20　カフェの店主以外にも、祭りや市場を渡り歩く露天商や売り子、肉屋、また他の職業とは異なり、顧客との別種の関係構造に対応した仕事上のスタイルを持つ理容師などの口上や弁舌の技を必要とする職業の人びとが、単なる不慣れな口語生産者に過ぎない労動者以上に、気の効いた口

語表現の生産に貢献してはいないのかを検証する必要がある。

＊21 こうした表象は、いずれにしても生活状況の苛酷さが課す（苦痛や痛みに強く、信頼を求め、感情や感傷を拒み、頑健で欠けるところなく、「一貫性を持ち」、率直で信用でき、「頼り甲斐のある」男という）社会的性質を男性に割り当てるのだ。しかしこの社会的性質を男は選択するよう強いられているとも感じている。何故ならこの性質は、女性的で弱く、柔和で従順、隷属的で脆く、変わり易い、感じ易く、官能的な性質に（そしてまた女性化された「反自然的」性質に）対立することで規定されているからだ。この分割の原理は、特定の適用範囲、即ち二つの性別間の関係という領域においてばかりではなく、より一般的な仕方で作用している。つまり男たちに彼らのアイデンティティについて、またより一般的に他の社会的アイデンティティについて、さらには社会秩序全体について厳格で硬直し、ひとことで言えば本質主義的なヴィジョンを押し付けているのだ。

＊22 言うまでもなく、こうした行動は女性の教育水準に応じて、またとりわけ配偶者間の教育水準の隔たりに応じて変化する傾向にある。

＊23 この論理に従うなら、女性は常に間違っている、つまり（ねじ曲がった）その本性に従っているのだということが理解される。こうした例を無限に増やして行くことができるだろう。女性がある行政手続きを行なうように頼まれた場合であれば、もし彼女が上手く手続きを行なうなら、それは手続きが簡単だったからであり、もし彼女が失敗するなら、それは彼女がやり方を理解できなかったからである。

＊24 到達不可能と見なされたものに対して象徴的な汚辱を投げつけようとする意図は、しばしば

その優位性の承認の最も激烈な告白を隠している。ジャン・スタロバンスキーが見事に指摘しているように、「最も下品な雑談が社会階層間の隔たりを埋めるどころか、それを維持し、深めてしまう」のはそのような理由からである。「そうしたおしゃべりは、不敬や放埒という見かけのもとで、自らの劣化に賛同しているのであり、その劣等性を自ら肯定しているのだ」。（ここでは、ジャン・スタロバンスキーが（*La Relation critique*, Paris, Gallimard, 1970, p.98.-154. において）分析したブレイ嬢をめぐる使用人たちのおしゃべりが問題となっている。Jean-Jacques Rousseau, *Confessions III*, in *Œuvres Complètes*, Paris, Gallimard, « Bibliothèque de la Pléiade », 1959, p.94-96. を参照のこと）

ジュディス・バトラー　**われわれ人民**

＊1　『世界人権宣言』第二〇条、第二三条、一九四八年。

＊2　国際労働機関（ＩＬＯ）は、集会の自由が集団で行なわれる交渉や国際機関への参加にとって本質的であることを明確に示している。以下を参照のこと。Tajgman and K. Curtis, *Freedom of Association : A User's Guide Standards, Principles and Procedures of International Labour Organization*, Geneve, International Labour Information, 2000, p.6.

＊3　以下の拙論を参照されたい。« Performativity's Social Magic » in *Bourdieu : A Critiical Reader*, Richard Shusterman (dir.), Londres, Basil, Blackwell, 1999.

＊4　J-L. Austin, *How to Do Things with Words*, J.O. Urmson et M. Sbisa (eds), Harvard University Press, 1962, Lecture IX. Trad. fr. *Quand dire c'est faire*, Paris, Le Seuil, 1970〔Ｊ・Ｌ・オース

ティン『言語と行為』坂本百大訳、大修館書店、一九七八年〕。

＊5　以下の拙論を参照のこと。« Introduction : Precarius Life, Grievable Life » in *Frames of War : When is Life Grievable ?*, Londres, Verso, 2009〔ジュディス・バトラー『戦争の枠組み――生はいつ嘆きうるものであるのか』清水晶子訳、筑摩書房、二〇一二年〕。

＊6　Donna Haraway, *Simians, Cyborg, and Women*, Routledge, 1991. 及び、*The Companion Species Manifesto*, Prickly Paradigm Press, 2003. を参照のこと。

ジョルジュ・ディディ＝ユベルマン　**可感的にする**

＊1　H. Arendt, *Qu'est-ce que la politique?* (1950-1959), trad. S. Courtine-Denamy, Paris, Le Seuil, 1995 (éd. 2001), p.39-43〔ハンナ・アレント『政治とは何か』ウルズラ・ルッツ編、佐藤和夫訳、岩波書店、二〇〇四年〕。

＊2　B. Connolly et R. Anderson, *First Contact*, 1982. 以下も参照されたい。F. Niney, *L'Épreuve du réel à l'écran. Essai sur le principe de réalité documentaire*, Bruxelles, De Boeck Université, 2000, p.283.

＊3　この民衆の複数性について、私は以下の著作で説明を試みている。Georges Didi-Huberman, *Peuples exposés, peuples figurants, L'œil de l'histoire, 4*, Paris, Les Editions de Minuit, 2012.

＊4　この点について『クリティック』誌の特集号を参照されたい。*Critique*, LXVIII, 2012, no 776-777 (« Populisme »)

＊5　P. Rosanvallon, *Le Peuple introuvable, Histoire de la représentation démocratique en France*, Paris,

Gallimard, 1998 (éd. 2002).

＊6　同書、p.11.

＊7　同書、p.13.

＊8　同書、p.13. この箇所には以下の論文への参照がある。O. Beaud, « Repräntation et Stellvertretung : sur une distinction de Carl Schmitt », *Droits, Revue française de théorie juridique*, no 6, 1987, p.11-20.

＊9　Carl Schmitt, *Théorie de la Constitution* (1928), trad. L. Deroche, Paris, Presses Universitaires de France, 1993, p.347（筆者はこの仏語訳に若干の修正を施した）。〔カール・シュミット『憲法論』阿部照哉訳、みすず書房、一九七四年〕。

＊10　同書、p.218, p.381, p.419-420. また同じ著者の以下も参照されたい。Carl Schmitt, *État, mouvement, peuple. L'organisation triadique de l'unité politique* (1933), trad. A. Pilleul, Paris, Édition Kimé, 1997, p.48-63.　私はジョルジョ・アガンベンによるカール・シュミットのテクストの扱い（*Le règne et la gloire. Pour une généalogie théologique de l'économie et du gouvernement. Homo sacer, II*, trad. J. Gayraud et M. Rueff, Paris, Le Seuil, 2008 ）について以下の著作で論じている。Georges Didi-Huberman, *Survivance des lucioles*, Paris, Les Éditions de Minuit, 2009, p.77-97.

＊11　シュミットの以下の著作を参照のこと。Carl Schmitt, *Parlementarisme et démocratie* (1924-1931), trad. J.-L. Schlegel, Paris, Le Seuil, 1988.

＊12　P. Rosanvallon, *Le Peuple introuvable*, 前掲書、p.440-441.

＊13 同書、p.445-446.

＊14 同書、p.447-448.

＊15 同書、p.447.

＊16 シンコペーション（切分法）については以下を参照されたい。L. Marin, « Ruptures, interruptions, syncopes dans la représentation de peinture »(1992). *De la représentation*, éd. D. Arasse, A. Cantillon, G. Careri, D. Cohn, P.-A. Fabre et F. Marin, Paris, Le Seuil-Gallimard, 1994, p.364-376.「引き裂き」については、拙著を参照のこと。G. Didi-Huberman, *Devant l'image, questions posées aux fins d'une histoire de l'art*, Paris, Les Éditions de Minuit, 1990, p.169-269,（« L'image comme déchirure »）〔ジョルジュ・ディディ＝ユベルマン『イメージの前で――美術史の目的への問い』江澤健一郎訳、法政大学出版局、二〇一二年〕。

＊17 この点については、拙著を参照されたい。G. Didi-Huberman, *Devant le temps. Histoire de l'art et anachronisme des images*, Paris, Les Éditions de Minuit, 2000〔ジョルジュ・ディディ＝ユベルマン『時間の前で――美術史とイメージのアナクロニズム』小野康男他訳、法政大学出版局、二〇一二年〕。また、私が電子ジャーナルに発表した以下の論文も参照のこと。G. Didi-Huberman, « Lisibilité/Lesbarkheit », *Trivium*, no 10, dir. M. Pic et E. Alloa, 2012.

＊18 以下の拙著を参照されたい。G. Didi-Huberman, *L'image survivante. Histoire de l'art et temps des fantômes selon Aby Warburg*, Paris, Les Éditions de Minuit, 2002, p.115-270〔ジョルジュ・ディディ＝ユベルマン『残存するイメージ――アビ・ヴァールブルクによる美術史と幽霊たちの時間』竹内孝弘他訳、人文書院、二〇〇五年〕。

＊19　S. Freud, *L'Interprétation du rêve* (1900), trad. J.Altounian, P. Cotet, R. Lainé, A. Rauzy et F. Robert, Paris, Presses Universitaires de France, 2003(éd. 2010), p.509-511〔フロイト全集四、一九〇〇年「夢解釈Ｉ」新宮一成監修、岩波書店、二〇〇七年。フロイト全集五、一九〇〇年「夢解釈Ⅱ」新宮一成監修、岩波書店、二〇一一年〕。

＊20　W. Benjamin, *Paris, capitale du XIXe siècle. Le Livres des passages (1927-1940)*, trad. J. Lacoste, Paris, Éditions du Cerf, 1989, p.481 (N 4, 1).〔ヴァルター・ベンヤミン『パサージュ論』第1巻〜第5巻、今村仁司他訳、岩波現代文庫、二〇〇三年〕。

＊21　W. Benjamin, « L'œuvre d'art à l'ère de sa reproductibilité technique (première version) » (1935), trad. R. Rochlitz, *Œuvres, III*, Paris, Gallimard, 2000, p.93.〔ヴァルター・ベンヤミン『複製技術時代の芸術』佐々木基一編、晶文社、一九九九年〕。

＊22　同書、p.94.

＊23　W. Benjamin, « Sur le concept d'histoire » (1940), trad. M. de Gandillac revue par P. Rusche, *Œuvres, III*, op., cit, p.430.

＊24　同書、p.440.〔引用されているベンヤミンのパッセージは「歴史哲学テーゼ」の中に見出される。ドイツ語からの日本語訳を以下に示そう。「歴史の連続を打破する意識は、行動の時機にある革命的階級に特有のものである。大革命は、あらたなコヨミを導入した。〔…〕七月革命ではまた、この歴史意識の正当な発現といえるエピソードが生まれた。闘争の第一日が暮れたとき、パリのいくつかの場所で、たがいに独立に、そして同時に、塔の時計が射撃されるという事件が起こったのだ。」『ヴァルター・ベンヤミン著作集1　暴力批判論』高原宏平、野村修編訳、晶文

社、一九六九年、一二五頁〕。

＊25　同書、p.441.

＊26　同書、p.431.〔このパッセージはやはり「歴史哲学テーゼ」に見出される。ドイツ語からの日本語訳を示しておく。「過去を歴史的に関連づけることは、それを「もともとあったとおりに」認識することではない。危機の瞬間にひらめくような回想を捉えることである。歴史的唯物論の問題は、危機の瞬間に思いがけず歴史の主体のまえにあらわれてくる過去のイメージを、捉えることだ。危機は現に伝統の総体をも、伝統の受け手たちをも、おびやかしている。両者にとって危機は同一のものであり、それは支配階級の道具となりかねないという危機である。どのような時代にあっても、伝統をとりこにしようとしているコンフォーミズムの手から、あらたに伝統を奪いかえすことが試みられねばならぬ。」前掲書、一一六頁〕。

＊27　同書、p.433.

＊28　W. Benjamin, « Paralipomènes et variantes des "Thèse sur le concept d'histoire" » (1940), trad. J.-M. Monnoyer, *Écrits français*, Paris, Gallimard, 1991. p.356.

＊29　同、« Sur le concept d'histoire », 前掲論文, p.441.

＊30　S. Freud, *Métapsychologie* (1915), trad. J. Laplanche et J.-B. Pontalis, Paris, Gallimard, 1968, p.45-63.〔『フロイト全集一四、一九一四－一九一五年、症例「狼男」メタサイコロジー諸編』新宮一成監修、岩波書店、二〇一〇年〕を参照のこと。

＊31　H Arendt, *La Tradition cachée. Le juif comme paria* (1944-1948), trad. S. Courtine-Denamy, Paris, Christian Bourgois, 1987 (éd. 1997)〔ハンナ・アレント『パーリアとしてのユダヤ人』寺島俊穂

他訳、未来社、一九八九年〕を参照のこと。

＊32 M. de Certeau, *La Solitude, une vérité oubliée de la communication* (avec F. Roustang et al.), Paris, Desclée de Brouwer, 1967. 同著者による *L'Absence de l'histoire*. Tours, Mame, 1973. 及び *L'invention du quotidien*, Paris, Union générale d'édition, 1980 (nouvelle éd., 1990-1994). も参照されたい。

＊33 M. Foucault, *Folie et déraison, Histoire de la folie à l'âge classique*, Paris, Plon, 1961 (rééd. Paris, Gallimard, 1972)〔『狂気の歴史——古典主義時代における』田村俶訳、新潮社、一九七五年〕。また同様にフーコーの *Naissance de la clinique. Une archéologie du regard médical*, Paris, Presses universitaires de France, 1963〔『臨床医学の誕生』神谷美恵子訳、みすず書房、二〇一一年〕。*Raymond Roussel*, Paris, Gallimard, 1963〔『レーモン・ルーセル』豊崎光一訳、法政大学出版局、二〇〇〇年〕。Surveiller et punir, Paris, Gallimard, 1975〔『監獄の誕生——監視と処罰』田村俶訳、新潮社、一九七七年〕。また *Histoire de la sexualité*, Paris, Gallimard, 1976-1984〔『性の歴史Ⅰ 知への意志』渡辺守章、新潮社、一九八六年、『性の歴史Ⅱ 快楽の活用』田村俶訳、新潮社、一九八六年、『性の歴史Ⅲ 自己への配慮』田村俶訳、新潮社、一九八七年〕も参照のこと。

＊34 M. Foucault, « Espace, savoir et pouvoir »(1982), *Dits et Écrits 1954-1988*, IV. 1980-1988, éd. D. Defert, F. Ewalt et J. Lagrange, Paris, Gallimard, 1994, p.275-277〔この箇所の日本語訳としては、『ミシェル・フーコー思考集成 Ⅸ』「空間、知そして権力」蓮實重彦、渡辺守章監修、筑摩書房、七四—七五頁を参照のこと〕。

＊35 M. Foucault, « Des espaces autres »(1984), 同書、p.756〔既に存在する日本語訳のこの箇所に

対応するパッセージを示しておこう。「混在郷とは、厳密にどのように説明され、どのような意味を担っているのだろうか。この用語は現在余りにも乱用されており、私は十分な吟味を尽くすことはできないが、それでも所与の社会において、雑多で、異質で、われわれの生活空間に対して神秘的かつ現実的な異議申し立てを突きつけるこの場所について探求し、分析し、記述し、流行の言い方をすれば「レクチャーする」ことを目指してある種の体系的記述を試みることはできるだろう。」「他者の場所　混在郷について」工藤晋訳『ミシェル・フーコー思考集成X』筑摩書房、二八一頁〕。

＊36　同書、p.758-759〔既訳の対応箇所は以下の通り。「混在郷とは、互いに相容れない複数の空間ないし指定用地をひとつの現実の場所に並置させる力を持つ。」同書、二八三頁〕。

＊37　同書、p.762.

＊38　A. Farge, *Le goût de l'archive*, Paris, Le Seuil, 1989.

＊39　A. Warburg, « L'art du portrait et la bourgeoisie florentine. Domenico Ghirlandaio à Santa Trinita Les portraits de Laurent de Médicis et de son entourage »(1902), trad. S. Muller, *Essais florentins*, Paris, Klincksieck, 1990. p.106.

＊40　A. Farge, *Le vol d'aliments à Paris au VIIIe siècle : délinquance et criminalité*, Paris, Plon, 1974.

＊41　A. Farge, *Dire et maldire : l'opinion publique au XVIIIe siècle*, Paris, Le Seuil, 1992. 及び *Le Bracelet et le parchemin : l'écrit sur soi au XVIIIe siècle*, Paris, Bayard, 2003. また同著者による論文 « Walter Benjamin et le dérangement des habitudes historiennes », *Cahiers d'anthropologie sociale*, no 4, 2008 (« Walter Benjamin : la tradition des vaincus »), p.27-32.

＊42　A. Farge, *Vivre dans la rue à Paris au XVIIIe siècle*, Paris, Gallimard-Julliard, 1979 (rééd. Paris, Gallimard, 1992). 同著者の *Le Désordre des familles : lettres de cachet des archives de la Bastille au XVIIIe siècle*, Paris, Gallimard-Julliard, 1982 (avec M. Foucault). 及び *La Vie fragile. Violence, pouvoirs et solidarités à Paris au XVIIIe siècle*, Paris, Hachette, 1986 (rééd. Paris, Le Seuil, 1992) も参照のこと。

＊43　A. Farge, *Effusion et tourment, le récit des corps. Histoire du peuple au XVIIIe siècle*, Paris, Odile Jacob, 2007, p.9-10. 同著者がより最近刊行した以下も参照されたい。*Essai pour une histoire des voix au dix-huitième siècle*, Paris, Bayard, 2009. これらの著作で扱われた問題は、モーリス・フローランスグループを中心として編纂された論集において発展を見ている。Le Collectif Maurice Florence, *Archives de l'infamie*, Paris, Les Prairies ordinaires, 2009.

＊44　アルレット・ファルジュはここで、以下の著作を参照している。D. Le Breton, *Les Passions ordinaires. Anthropologie des émotions*, Paris, Armand Colin-Masson, 1998 (rééd. Paris, Payot & Rivage, 2004).

＊45　A. Faure et J. Rancière, *La Parole ouvrière*, Paris, Union générale d'Édition, 1976 (rééd. Paris, La Fabrique, 2007). J. Rancière, *La Nuit des prolétaires. Archives du rêve ouvrier*, Paris, Fayard, 1981 (rééd. Paris, Hachette Littérature, 2009). 同じくランシエールによる以下も参照のこと。*Les Scènes du peuple* (*Les Révoltes logique*, 1975-1985), Lyon, Horlieu Éditions, 2003.

＊46　E. Zola, *Carnets d'enquêtes, une ethnographie inédite de la France* (1871-1890), éd. H. Mitterand, Paris, Plon, 1986. 及び、J. Rancière, *Courts voyages au pays du peuple*, Paris, Le Seuil, 1990, p.89-

135. を参照のこと。

＊47　W. Benjamin, *Paris, capitale du XIXe siècle*, 前掲書 , p.481.

＊48　C. Lefort, « La politique et la pensée de la politique » (1963), *Sur une colonne absente. Écrits autour de Merleau-Ponty*, Paris, Gallimard, 1978, p.45-104. 同著者、*Les Formes de l'histoire. Essais d'anthropologie politique*, Paris, Gallimard, 1978 (éd. 2000) 及び、*Essais sur le politique. XIXe-XXe siècles*, Paris, Le Seuil, 1986 (éd. 2001) を参照されたい。

＊49　M. Merleau-Ponty, *Les Aventures de la dialectique*, Paris, Gallimard, 1955 (éd. 2000), p.17-45 (« La crise de l、entendement »)〔モリス・メルロ＝ポンティ『弁証法の冒険』滝浦静雄、みすず書房、一九七二年〕。また同著者の « Partout et nulle part » (1956), *Signes*, Paris, 1960, p.194-200 (« Existence et dialectique »)〔モリス・メルロ＝ポンティ『シーニュ』１・２、竹内芳郎訳、みすず書房、一九八九年〕及び、*Le Visible et l'invisible* (1959-1961), éd. C. Lefort, Paris, Gallimard, 1964 (éd. 1983), p.75-141 (« Interrogation et dialectique »)〔モリス・メルロ＝ポンティ『見えるものと見えないもの』滝浦静雄他訳、みすず書房、一九八九年〕を参照のこと。「可感的なもの」の近年の哲学的再評価については、以下の美しい書物を参照されたい。E. Coccia, *La Vie sensible*, trad. M. Rueff, Paris, Payot & Rivages, 2010.

＊50　J. Rancière, *Le Partage du sensible. Esthétique et Politique*, Paris, La Fabrique, 2000〔ジャック・ランシエール『感性的なもののパルタージュ――美学と政治』梶田裕、法政大学出版局、二〇〇九年〕。

＊51　J. Rancière, *Aux bord du politique*, Paris, La Fabrique, 1998 (rééd. Paris, Gallimard, 2004), p.242

et 244.

＊52 A. Badiou, « La politique : dialectique non expressive », *La Relation ènigmatique entre philosophie et politique*, Meaux, Éditions Germina, 2011, p.70-71.

＊53 同書、p.73.

＊54 J. Rancière, *Le Philosophe et ses pauvres*, Paris, Fayard, 1983 (rééd. Paris, Flammarion, 2007), p.vi (préface de 2006).

＊55 M. Merleau-Ponty, « Le roman de la métaphysique » (1945), *Sens et non-sens*, Paris, Éditions Nagel, 1948 (rééd. Paris, Gallimard, 1996), p.35-37〔このパッセージは原註にある通り、メルロ＝ポンティの『意味と無意味』「小説と形而上学」からの引用である。『意味と無意味』永戸多喜雄訳、国文社、一九七〇年、四七‐四八頁〕。

＊56 J. Rancière, *Aistesis. Scènes du régime esthétique de l'art*, Paris, Éditions Galilée, 2011.

＊57 同書、p.287-307. J. Agee et W. Evens, *Louons maintenant les grands hommes, Alabama : trois familles de métayer en 1936* (1941), trad. J. Queval, Paris, Plon, 1972 (éd. 2002) も参照のこと。

＊58 V. Maïakovski, *L'Universel Reportage* (1913-1929), trad. H. Deluy, Tours, Farrago, 2001. を参照されたい。

＊59 C. Reznikoff, *Témoignage. Les États-Unis* (1885-1915), récitatif (1965), trad. M. Cholodenko, Paris, P.O.L. 2012. 及び、W. G. Sebald, *Austerliz* (2001), trad. T. Charbonneau, Arles, Actes Sud, 2002. また J.-C. Bailly, *Le Dépaysement. Voyage en France*, Paris, Le Seuil, 2011 をとりわけ参照されたい。また以下の研究も参照のこと。M. Pic, « Du montage de témoignages dans la littérature :

Holocauste de Charles Reznikoff », *Critique*, no 736, 2008, p.878-888. および同著者の近刊, « Élégies documentaires », *Europe*, à paraître.

＊60　G. Didi-Huberman, *Altas ou le gai savoir inquiet, l'œil de l'histoire, 3*, Paris, Les Éditions de Minuit, 2011. を参照されたい。

＊61　B. Cendrars, *Kodack* (*documentaire*), Paris, Stock, 1924. 及び同著者による *Poésie complètes*, Paris, Denoël, 1944, p.151-189 (« Documentaire »). D. Grojnowski, *Photographie et langage. Fictions, illustrations, informations, visions, théorie*, Paris, Librairie José Corti, 2002, p.45-66. を参照のこと。

＊62　A. Breton, *Nadja* (1928), *Œuvres Complètes, I*, éd. M. Bonnet, Paris, Gallimard, 1988, p.643-753.

＊63　G. Didi-Huberman, *La Ressemblance informe, ou le gai savoir visuel selon Georges Bataille*, Paris, Macula, 1995. を参照のこと。

＊64　U. Marx, G. Schwarz, M. Schwarz et E. Wizisla, *Walter Benjamin : archives. Images, textes et signes* (2006), trad. P. Ivernel, dir. F. Perrier, Paris, Klincksieck, 2011, p.272-293. を参照のこと。

＊65　I. Ehrenbourg [*Mon Paris*], Moscou, Izogiz, 1933 (rééd. anastatique, Paris, Éditions 7L, 2005.

＊66　O. Lugon, *Le Style documentaire. D'August Sander à Walker Evans, 1920-1945*, Paris, Macula, 2001 (éd. 2011). 及び G. Didi-Huberman, *Quand les images prennent position. L'œil de l'histoire, 1*, Paris, Les Éditions de Minuit, 2009. を参照されたい。

＊67　J. Agee et W. Evans, *Louons maintenant les grands hommes*, *op. cit.* (cahier photographique non paginé).

＊68　M. Blanchot, *La Communauté inavouable*, Paris, Les Éditions de Minuit, 1983, p.54.〔この引用は、モーリス・ブランショの『明かしえぬ共同体』のパッセージであるが、ディディ＝ユベルマンは自らの論述に取り込むためにかなり長い文章を圧縮している。日本語訳にある該当箇所を示しておこう。「大衆の現前？　耳触りのよいこの語に訴えることにはすでにして語の濫用があった。さもなければこの語は、個別の政治的諸決定にいつでも備えている社会的諸勢力の総体としてではなく、いかなる権力をも引き受けまいとする彼らの本能的な拒絶の中で、そして彼らが委託してもいるだろうある権力と混同されることに対する徹底した警戒の中で、つまりはその無能力の宣言の中で理解されるべきものだった。」『明かしえぬ共同体』西谷修訳、朝日出版、一九八四年七七頁〕。

＊69　私はここで、力能（puissance）と権力（pouvoir）とのあいだに区別（こうした区別はジル・ドゥルーズによるニーチェについての注釈のうちに見出される）を設ける必要があると思えるという理由から、ブランショの表現を変容させている。したがって、「非‐権力」の宣言とは、まさしくその力能についての宣言を欠くものではないと言うことが出来るだろう。

サドリ・キアリ　**人民と第三の人民**

＊1　アメリカ型の民主主義において、市民権の概念はとりわけ各々の個人に関わるものであるのに対し、フランス共和国においてそれは、より集団に関わり、人民主権に重ね合わされていると主張することができるように私には思われる。

＊2　私はこの仮説を以下の論考において発展させようと試みた。Sadri Khiari, *La Contre-révolution coloniale en France. De de Gaulle à Sarkozy*, La Fabrique, Paris, 2009.

＊3　とりわけ以下を参照のこと。J.-L. Mélenchon, « Une défense souveraine et altermondialiste », *Revue Défense nationale*, no 749, avril 2012.

＊4　Félix Boggio Éwanjé-Épée et Stella Magliani-Belkacem, « Les luttes de l'immigration postcoloniale dans la "révolution citoyenne" », http://www.contre-temps.eu/fr/intervention/luttes-immigration-postcoloniale-dans-%C2%ABr%C3%A9volution-citoyenne%C2%BB. ジャン＝リュック・メランションの主張は、左翼戦線の活動家であり、反資本主義新党の分派である幾つかの政治運動のメンバーらによる秀逸な反論を呼び起こした。Cédric Durand, Razmig Keucheyan, Julien Rivoire, Flavia Verri, « Jean-Luc Mélanchon, vous avez tort sur les émeutes d'Amiens-Nord », http://www.rue89.com/rue89-politique/2012/08/31/jean-luc-melenchon-vous-avez-tort-sur-les emeutes-damiens-nord-234968

＊5　Malcolm X, *Le Pouvoir noir*, Éditions La Découvert, p.208.

＊6　私はこれらの問題を近刊予定の著作で論じている。S. Khiari, Malcolm X, *Stratège de la dignité noire*, Amsterdam, Paris, 2011.

＊7　S. Khiari, « Nous avons besoin d'une stratégie décoloniale », in *Races et Capitalisme*, coordonné par Félix Boggio Éwanjé-Épée et Stella Magliani-Belkacem, Éditions Syllepse, Paris, 2012.

＊8　私は以下の著作でこの問題に関する考察を開始している。S. Khiari, *Pour une politique de la racaille*, Éditions Textuel, Paris, 2006.

訳注

序

†1　バディウは出典を明記していないが、ミシュレのパッセージは以下に見出される。Jules Michelet, *Le Peuple*, édition originale, publiée avec notes et variantes par Lucien Refort, Paris, Librairie Marcel Didier, 1946, p.158. また日本語訳としては次のものが存在する。ジュール・ミシュレ『民衆』大野一道訳、みすず書房、一九七七年、一七二頁。

アラン・バディウ　**「人民」という語の使用に関する二四の覚え書き**

†1　ジャン＝リュック・メランション（Jean-Luc Mélenchon 一九五一―）二〇〇八年までは社会党員であり、二〇〇〇年から二〇〇二年まではジョスパン内閣で職業教育相を務めた。その後、マルティーヌ・ビヤールと共に創設した左翼の党（Le Parti de Gauche）の党首となったが、二〇一四年八月にそのポストを退いている。二〇一二年の大統領選挙では、左翼戦線の候補として立候補し、第一回投票で一一パーセントの票を得た。

†2　マリーヌ・ルペン（Marine Le Pen 一九六八―）弁護士として働いた後、父ジャン＝マリー・ルペンを党首とする極右政党国民戦線（ＦＮ）の政治家となる。一九九八年から市議会議員、県議会議員などを経験し、二〇〇四年には欧州議会議員に選出されている。二〇一二年の大統領選

挙第一回投票では一七・九パーセントを得票し、話題を呼んだ。

†3 バディウは二〇〇九年の『コミュニズムの仮説』において、パリ・コミューン、文化大革命などの解放の政治という「出来事」の出現において、「平等な社会」という真理は「コミュニズム」の理念に導かれるのであり、この真理を支え理念を歴史に投影する人びと＝主体を「真理の身体」と呼んでいた。

†4 スパルタクス（Spartacus 前一〇九頃―前七一）古代ローマの奴隷として剣闘士養成所にいたが仲間と共に逃走、反乱を企てた。第三次奴隷戦争の端緒となった。

†5 フランソワ＝ドミニク・トゥサン＝ルーヴェルチュール（François Dominique Toussaint Louverture 一七三九―一八〇三）ハイチ独立運動の指導者。

ピエール・ブルデュー　**「大衆的（人民の）」と言ったのですか？**

†1 「猛者たち」とは « Les durs » に対する訳語として採択された。大都市郊外に居住する移民たちの中で、スラングを用い、社会への反抗を露にする若者たちを指している。

†2 「ヘクシス（hexis）」とは、ギリシャ語で「所有」、「状態」を意味する語であるが、ブルデュー社会学では、身体の中に慣習化された行為の実現様態を指す。

†3 「ハビトゥス（habitus）」とは、ラテン語で「存在のあり方」、「様態」を意味する語であるが、ブルデューはこれを、社会において人びとが持つ構造化された心的諸傾向であり、また行為の実践、表象の産出の原理として機能する構造化する構造であると説明している。

†4 「421」とはカフェやバーのカウンターで常連客たちが行なうゲームであり、三つのサイコロを

振って勝敗が競われ、「4、2、1」の組み合わせが最強であるとされている。

ジュディス・バトラー **「われわれ人民」——集会の自由についての考察**

†1 バトラーは出典を明記していないが、同様の議論は例えばアレント『政治とは何か』ウルズラ・ルッツ編、佐藤和夫訳、岩波書店、三〇頁に見出される。

†2 オキュパイ・ウォールストリートとは二〇一一年九月にアメリカニューヨーク州マンハッタン地区ウォール街に発生した民衆運動。「われわれは九九%だ」というスローガンによって、人口の一%の富裕層に富が集中していることや、リーマンショック以降の政府による大企業救済措置に抗議した。

†3 ジョン＝ラングショー・オースティン（John Langshaw Austin 一九一一—一九六〇）イギリスの哲学、言語学者。言語の持つ事実を叙述する機能ではなく、警告、約束などの発話による行為の遂行性に注目し、発話行為理論の基礎を築いた。

†4 バトラーが言及しているジャック・デリダのテクストはおそらく、「アメリカ独立宣言」（« Déclaration d'Indépendance », *Otobiographies, l'enseignement de Nieztsche et la politique du nom propre*, Galilée, 1984）であろう。デリダは「ある種のぐらつき」という表現は用いていないが、「独立宣言」の署名者が誰なのか、究極の署名者である「善良な人民」の自由はこの宣言によって生み出されるのか、あるいは大陸会議の代表者たちが「善良な人民」の名において署名することで、宣言は既に獲得された自由を事後確認しているのか、決定不可能であると語っている。

†5 Shoshana Felman, *The Scandal of the Speaking Body : Don Juan with J.L. Austin or Seduction in Two*

Languages, Stanford University Press, 2002〔ショシャナ・フェルマン『語る身体のスキャンダル──ドン・ジュアンとオースティンあるいは二言語による誘惑』立川健二訳、勁草書房、一九九一年〕。

†6　ダナ・ハラウェイ（Dona Haraway　一九四四─）カリフォルニア大学名誉教授。科学史を専門とするハラウェイは、生物学、科学技術の用いる「女」についての言説をフェミニズムの視点から分析している。

ジョルジュ・ディディ＝ユベルマン　**可感的にする**

†1　例えば『政治とは何か』においてアレントは、政治を可能にする人間の複数性について次のように述べている。「政治は人間の複数性という事実に基づいている。神は《人間》を生み出したが、複数での人間の方は人間によるこの世の産物であり、人間本性の産物である。哲学や神学というものはつねづね《人間》を相手にしており、たとえただ一人の人間が存在する場合でも、二人の人間がいる場合でも、同じ人間だけがいる場合でも、とにかくそれについて語られたことは常に正しいということになってしまうのだから、「政治とは何か」という問いに対しては、十分なっとくのいく回答を見出したことはない」（アレント『政治とは何か』ウルズラ・ルッツ編、佐藤和夫訳、岩波書店、三頁）。

†2　ピエール・ロザンヴァロン（Pierre Rosanvallon　一九四八─）フランスの歴史家、社会学者。現在コレージュ・ド・フランスの近現代政治史の講座を持ち、国立社会科学研究院の教授でもあるロザンヴァロンは、民主主義の歴史と近代社会における国家の役割を主な研究対象としている。

†3　アビ・ヴァールブルク（Aby Moritz Warburg　一八六六―一九二九）ドイツの美術史家。ハンブルク大学でイタリア美術についての講座を担当した。工芸品と芸術を同質な表現資料として扱うことで、人類史における壮大なイメージの歴史を構想したとされる。

†4　「シンコペーション le syncope」とは音楽用語で、弱拍の音を次ぎに続く同一高音の強拍の音と結ぶことによって、リズムに緊張感を生むこととされる。ディディ＝ユベルマンが参照するルイ・マランは « Syncope, reprise, citation ou les ruses du récit autobiographique chez Stendhal »（*Revue d'Esthétique*, 1978, no3-4）において、スタンダールの『アンリ・ブリュラールの生涯』を分析しつつ、自伝的エクリチュールにおける言表の主体の生成と消失、そしてその運動の反復としてシンコペーションを説明している。ディディ＝ユベルマンの文脈では、表象が内的な分割を含んでおり、自らの表象性を転覆させる逆説的な効果を担っているということであろう。

†5　『イメージの前で――美術史の目的への問い』における説明を参照するなら、徴候とは、瞬間においてある身振り、あるイメージが、ヒステリーの発作におけるように、その表象性のコードを喪失する、予測不可能な瞬時の移行であるとされる。

†6　カール・アインシュタイン（Carl Einstein　一八八五―一九四〇）ドイツの美術史家、作家。ピカソ、ブラックとも親交のあったアインシュタインは、政治状況と美術の関係を考察の対象とし、バタイユが編集主幹を務めた雑誌『ドキュマン』にも論考を発表している。

†7　ジークフリート・クラカウアー（Siegfried Kracauer　一八八九―一九六六）『フランクフルトツァイトゥング』誌で学芸欄編集員を務め、映画についての社会学考察を著作として発表した。

†8　ディディ＝ユベルマンは『残存するイメージ　アビ・ヴァールブルクによる美術史と幽霊た

ちの時間』において、ヴァールブルクがルネサンス期の美術に見ていた「古代の残存」から考察を始め、カッシーラー、パノフスキー、ゴンブリッチらによってヴァールブルクがイメージに内在する情動に認めていた徴候の力が表象の象徴機能として読み換えられて行くことに注目し、文化の継承としての知の歴史に隠された抑圧機構を明らかにしようと試みる。「ヴィレットの屠殺場」における「家畜の残骸 survivances」とは、バタイユが一九二九年に『ドキュマン』に発表したテクスト「屠殺場」、及びこのテクストに添えられたエリ・ロタールの写真「ヴィレットの屠殺場にて」への言及である。バタイユは古代には寺院が供犠の場として一種の屠殺場でもあったのに対し、現代では暴力や死を喚起する屠殺場が人間の生活圏から遠ざけられていると述べているのだが、ディディ＝ユベルマンはバタイユ論である『不定形な類似』において、ロタールの写真上で、屠られた後の動物の皮が正体不明のボロ切れのように丸められ、引きずられることで動物が流した血液を拭い、屠殺場の入り口に大きな曲線の痕跡を残している点を取り上げる。そしてこのボロ切れのような動物の残骸、「残存」をバタイユの概念「不定形なもの」を支えとして、通常の表象体系を揺るがす「非類似的なもののイメージ」と解釈している。

†9　アラン・フォール（Alain Faure 一九四九―）パリ第十大学フランス現代史研究センター所属の歴史家。一九世紀フランスの労働運動史を専門とする。一九七六年にはジャック・ランシエールと共著『労働者の言葉』（*La Parole ouvrière*, Christian Bougois, 1976）を刊行している。日本語訳としては、『パリのカーニヴァル』見富尚人訳、平凡社、一九九一年がある。

†10　セルゲイ・エイゼンシュテイン（Sergei Mikhallovich Eisenstein 一八九八―一九四八）ロシア帝国の支配下にあったラトビア出身の映画監督。モンタージュ理論を確立しそれを実行した『戦

艦ポチョムキン』（一九二五）で有名である。ディディ＝ユベルマンが言及しているのは、一九〇五年に起きた戦艦ポチョムキン反乱事件におけるオデッサ市民虐殺の場面であろう。

サドリ・キアリ　**人民と第三の人民**

†1　国民運動連合（Union pour un Mouvement Populaire　略称 UMP）フランスの保守政党、中道右派政党の連合として、二〇〇二年にシラク元大統領の支持政党として誕生した。ド・ゴールの意志を継ぐものとしてシラクが結成した共和国連合（Rassemblement Pour la République, RPR）が他の保守政党を合併することで創設された。

†2　国民戦線（Front National　略称ＦＮ）一九七二年にジャン＝マリー・ルペンによって、アルジェリア独立反対派の極右勢力を集め創設された。現在の党首はジャン＝マリーの娘、マリーヌ・ルペンである。二〇〇四年の欧州議会選挙では一六八万票を集め、七議席を獲得した。反ＥＵ、移民排斥を訴えている。

†3　左翼戦線（Le Front de Gauche）二〇〇八年にジャン＝リュック・メランションは社会党を離党し左翼党を創設したが、左翼党は幅広い左翼の結集を目指し、共産党などと協調し、政党連合である左翼戦線を形成している。二〇一二年の大統領選でもメランションは左翼党の候補として出馬した。

†4　フェッリックス＝ボジオ・エヴァンジェ＝エペ（Félix Boggio Éwanjé Épée　一九九〇―）パリ第十三大学の経済研究センター（Centre d'Économie de l'Université Paris Nord）の学生であり、哲学を専門としている。ステラ・マグリアニ＝ベルカセムとの共著に『白人フェミニスト

と帝国』（*Les Femministes blanches et l'empire*, La Fabrique, 2012）がある。またサドリ・キアリとの共著に『われわれは脱植民地化戦略を必要としている』（*Nous avons besoin d'une stratégie décoloniale*, Syllepse, 2012）がある。

†5　ステラ・マグリアニ＝ベルカセム（Stella Magliani-Belkacem　出生年不詳）出版社ラ・ファブリックの編集者。フェリックス＝ボジオ・エヴァンジェ＝エペとの共著に『白人フェミニストと帝国』（*Les Femministes blanches et l'empire, La Fabrique*, 2012）がある。またサドリ・キアリとの共著に『われわれは脱植民地化戦略を必要としている』（*Nous avons besoin d'une stratégie décoloniale, Syllepse*, 2012）がある

†6　マルコムX（Malcom X, 出生名 Malcom Little 一九二五―一九六五）アメリカの黒人公民権活動の運動家。アフリカ系アメリカ人統一機構を創設。服役中に知り合ったイライジャ・ムハンマドの教徒の影響でＮＯＩ（Nation of Islam）に参加するが、この教団のメンバーに暗殺された。

ジャック・ランシエール　**不在のポピュリズム**

†1　ジェトゥリオ・ドルネレス・ヴァルガス（Getúlio Dornelles Vargas 一八八二―一九五四）ブラジルの政治家。一九三〇―一九四五年、一九五一―一九五四年のあいだ大統領を務めた。政治の腐敗などに対する民衆の不満を背景に、一九三〇年軍事クーデターを成功させ、政権を掌握した。労働者の保護や資源の国有化などの措置によって全体主義にも近い形で統一国家建設を目指した。一九五一年には、その姿勢を左傾化させ、ブラジル初の民主選挙により大統領に選出される。その時機の政治方針がポプリズモと呼ばれた。

†2　ファン・ドミンゴ・ペロン（Juan Domingo Perón 一八九五—一九七四）アルゼンチンの軍人、政治家。一九四六年に大統領に選出され、労働組合の保護、外資系企業の国有化などを推し進め、労動者の熱狂的支持を集めた。その政治姿勢にはポピュリスト的傾向が指摘される。

†3　ウゴ・ラファエル・チャヴェス・フリーアス（Hugo Rafael Chávez Frías 一九五四—二〇一三）ベネズエラの軍人、政治家。一九九九年、新自由主義的経済改革や福祉に不満を持つ貧困層の強力な支持を受けて、大統領に選出される。反米、社会主義路線を明確にしたその政治は、「ポピュリスト政権」などと呼ばれた。

†4　イポリット・テーヌ（Hippolyte Adolfe Taine 一八二八—一八九三）フランスの哲学者、文学史家。作家や作品を自然科学の見地から観察し、法則を見出そうとし、自然主義文学に影響を与えた。遺伝、環境、時代の三要素に対象を還元する手法は科学主義的決定論とも見なされた。

†5　ギュスターヴ・ルボン（Gustave Le Bon 一八四一—一九三一）フランスの心理学者。指導者の煽動のままに行動する民衆の集団心理を分析した『群集心理』（一八九五）はフロイトにも影響を与えた。

解題

一　『人民とはなにか？』

本書は Alain Badiou, Pierre Bourdieu, Judith Butler, Georges Didi-Huberman, Sadri Khiari, Jacques Rancière, *Qu'est-ce qu'un peuple?*, La Fabrique, 2013 の全訳である。

原著タイトルの"peuple"という語は、多義的な語であり、日本語でも通常文脈に応じて「人民」、「民衆」、「大衆」、「民族」、「国民」などさまざまに訳し分けられている。本書を構成する六人の著者それぞれの論考においても、この語は必ずしも厳密に同一の概念を指し示してはいないことは明らかである。邦訳のタイトルとしては、共著刊行の企画者であり、全体の序文執筆者であるアラン・バディウの意図に最も近いと思われる「人民」という訳語を選択した。ここではまず簡単に、それぞれの著者の理論的立場、本書に収められた論考の中心的テーマを紹介しておこう。

アラン・バディウ　**「人民」という語の使用に関する二四の覚え書き**

バディウは一九八八年の『存在と出来事』以来、芸術、科学、政治、恋愛という四領域において、真理の生成過程と共に真理を担う身体として主体化が生じることを主張してきた。二〇〇九年の『コミュニズムの仮説』においても、パリ・コミューン、中国の文化大革命、六八年五月革命などは、抑圧的統治者、党の戦略などに反抗し立ち上がる労動者の手で推し進められていたと述べられている。その際、それぞれの持ち場に固定されることのない人びとの平等で自由な結び付きが、それまで非在と見なされていた新たな政治主体の出現を可能にしていたと主張される。注意すべきことは、既に『存在と出来事』に示されていたように、この主体は「出来事」の到来が発動させる真理の生成過程を支えるものとして、それまでの状況を転覆するような「出来事」の後に、各々の「出来事」に対応するものとして出現するのであり、稀少かつ特異であり、また不変の実質とは区別される多様体であるということである。そして『倫理』ではこの主体は、そこに参与する個人を飲み込み、その個別性を消し去る一者としての融合的主体や、反対に変容を拒み、アイデンティティにしがみつく個人をそのエゴイズムとともに温存する反動的主体などの主体のシミュラークルとは区別されていた。

さて本書のために書かれた論考「二四の覚え書き」においてバディウは、このようにして政治の領域に出現する集合的主体を「人民」と呼ぶ可能性を検討している。それは、著名人を指す「ピープル people」という英語のメディアでの氾濫、ポピュリズムという言葉が表象する、低俗な欲望に突き動かされ煽動家に操られるままになる愚昧な大衆というイメージが覆い隠す、搾取や抑圧に抵抗する労動者、経済的弱者の存在を肯定する必要が強く感じられたからであろう。そして文化資本、経済資本に乏しく、統合されることのない雑多な「大衆」でもなく、国境や文化的・民族的アイデンティティの幻想が成立させる「国民」でもない、"peuple" という言葉の忘れられたもうひとつの意味を取り上げ直すことは、搾取や抑圧と対峙する経済的弱者、民族的、文化的マイノリティの力の統合を可能にすると考えられているのだ。

「人民」はまず、帝国主義的植民地支配からの独立を求め、固有の国家建設を目指す被植民者たちを指す言葉として示されている。アルジェリア、ベトナムなどの独立戦争の例が紹介されるだろう。入植者たちに「人民」という語の使用を禁じられていた人びとの闘争において、「人民＋国家を表す形容詞」が果たした役割は計り知れない。他方、「人民」という語は既存の国家の内部で、国家の権限を支え、国民として憲法に規定される惰性的集合とは異なった人びとの存在を顕在化させ得るとされる。それは、今日「先進的な」、「民主的な」と呼ばれる社会において、新たなるプロレタリアートである「移民」を中核とし、非正規雇用の、また低所得の労働者、大都市の郊外に追放され、隔離され、将来の希望を奪われた若者たちからなる全体であり、公的に承認された惰性的人民によって非在の刻印を押された人びとである。このような人民は既存の国家の廃棄という政治的目的のもとに集結し、その実在を主張するとされる。この人民の存在二つのポジティブな形態の連結点に見出されるのが、二〇一一年の中東諸国に相次いで起きた民衆運動、「アラブの春」の最中、エジプトのタハリール広場に集結した人びとが発した「われわれこそがエジプト人民である」という言葉であるだろう。そこに見られたのは植民地支配に対する独立戦争ではないが、ムバラク大統領を追放し、体制の転覆を実現する民衆が、いまだ存在しない彼らの自身の国家の到来を要求し、「人民＋国家を表す形容詞」に現実の力を与えたのである。

ピエール・ブルデュー　「大衆的（人民の）」と言ったのですか？

国立社会科学高等研究院で長く教鞭をとった後、一九八一年以来コレージュ・ド・フランスの教授を務め、二〇〇二年に亡くなったブルデューの思想はフランス社会学に今なお強い影響力を及ぼしている。日本でも『ディスタンクシオン――社会的判断力批判』、『再生産』、『芸術の規則』など主要著作が翻訳され、多くの読者の関心を集め続けている。本書に収められた論考は、一九八三年に『社会科学研究論集 *Actes de la recherche en sciences sociales*』に発表され、その後単行本『言語と象徴的権力』（未邦訳）に収録された。ブルデューの言語理論の特徴は、言語生産とその流通を、話者の言語的ハビトゥスと、経済的、政治的条件が支配するさまざまな言語市場（交渉の場）との関わりを通じてなされる慣習行動として把握しようとする点にあると言うことができるだろう。本書の論考では、「大衆的言語」と言われるものが、一般に想定されるように正規の言語から単に逸脱した、不十分な言語習得や文化資本の乏しさに起因する稚拙な、あるいは卑俗な表現として整理できるものではなく、ジェンダー、世代、社会的出自、職業、民族的出自などさまざまな条件、話者が参与する市場（交渉の場）の性格に応じて生産されるものであることが指摘される。所謂「大衆的言語」とは、「上部／下部」、「節度／放埒」といった社会的世界を構造化する神話的カテゴリーの二項対立的分類法がもたらす生産物に過ぎないとされる。また辞書から排除されるスラングは、支配的言語への強烈な反抗、一般に受け入れられた社会的拘束に対する侵犯として特徴付けられるとしても、もう一方でそれは、「大衆的言語」を生み出している二項対立的原理を「大衆的言語」自体に適用するものだとされる。こうしてブルデューは、支配階級、被支配階級という大きな対立を受け入れ、スラングなどの言語実践に豊かな創造性を認めながらも、純粋な「大衆的言語」なるものを抽出し、これについて語る権利を有すると主張するものは、大衆についての自らの幻想を投影しているに過ぎないと指摘する。本書におけるこの論考の位置について付け加えるなら、「peuple 人民／民衆／大衆」という言葉の意味、その言葉の帯びる社会的負荷がほぼすべての論文で問題になっており、ブルデューによる「大衆的言語」、また「大衆」という言葉についての社会言語学的分析はひとつの指標の機能を果たしていると言えるだろう。また一般的な観察者はもちろん多くの言語学者にとっても、「民衆／大衆」の表象は、実際の工場労働者人口に大きな割合を占める移民の存在を排除し、都合の良いノスタルジーや幻想の投影によって構築されているという見解は、バディウやランシエールの考察にも通じるものである。

ジュディス・バトラー　「われわれ人民」――集会の自由についての考察

バトラーはとりわけ一九九〇年の『ジェンダートラブル』によって女性解放理論のポスト構造主義的再定式化を行なったことで有名な思想家であるが、近年の『生のあやうさ――哀悼と暴力の政治学』（二〇〇四）、『国家を歌うのは誰か？――グローバル・ステイトにおける言語、政治、帰属』（二〇〇七）などの著作では、「九・一一」以降の現代アメリカ社会において、性的マイノリティ、民族的マイノリティのみならず可傷性を帯びた人間の生一般がおかれた状況、民主主義を唱う国家の暴力、「テロとの戦い」を掲げる政府の政策批判を封じ込めるメディアの反知性主義などが主な考察の対象となっている。

本書に収められた論考では、二〇一一年の中東・北アフリカ諸国の民衆運動、「アラブの春」や、スペイン、アメリカで起きた反資本主義オキュパイ・デモにおいて人びとが発した「われわれ人民」という言葉が分析され、そこに示される「われわれ」とは何かが問われる。街頭に集まり、言葉を発し、行動し、外部に晒され、傷つきやすく、相互に依存し合う身体の集合である「われわれ」とは、議会制民主主義の社会において選挙によって選出され、人民の代表と見なされる議会に正当性を付与するものであるが、同時にその正当性を否定する権限を持つ限りで、議会制の形態を越え、そこに移譲し尽くされることのない力の保持者なのだと主張される。しかし、これらの人びとが「われわれ人民」という言表を行なうとき、彼は自らを代表しようとしているのではなく、人民として自らを指示し、構成しているのであり、その自己＝指示／構成行為はあらゆる代表の形式から区別される。この自己指示によって人民を形成する行為に人民主権の発現形態が指摘される。そしてバトラーは、オースティンの言語行為理論を参照しながら、「われわれ人民」という自らを名指すことで自らを出現させるパフォーマティヴ（行為遂行的）な実践を、ひとまず言語学的自己＝生成の実現形態と整理する。しかしバトラーは「われわれ人民」に、言表の瞬間に自らの内容を実現する単なる発話内行為をはみ出る次元をも見ようとする。バトラーは、「われわれ人民」という表現がアメリカにおいては、「独立宣言」の冒頭の言葉の引用であると直ちに認知されることを確認したうえで、この種の発話行為が厳密には瞬間において実現するものではなく、常に引用の連鎖の中に書き込まれ、時間・空間的広がりに沿って展開することで、複数の人びとの集合を実現すると指摘する。この点についてバトラーは、「アメリカ独立宣言」に関するジャック・デリダのテクストをごく手短かに参照している。デリダは「署名、出来事、コンテクスト」（一九七一）において、出来事の一回性を保証する筈の署名が、予め自らの特異性を無効化するかのような無限の反復可能性に取り憑かれた限りでしか機能し得ないというアポリアを見ていたが、この「アメリカ独立宣言」では、独立を宣言する行為の遂行が、「人民」から大陸会議の代表者、さらに宣言を起草した代表者の代表者たるトマス・ジェファーソンへと次々に委任されることで遅延させられ、宣言自体が行為遂行的なものなのか事実確認的なものなのかが決定不可能になるとし、他方、「宣言」の権利上の署名者である「善良なる人民」がその実、「宣言」以前には存在できず、それ自体の構造によって現前性を逃れた署名が奇妙なことに遡及的に署名者を産出することになると主張していた。おそらくバトラーの分析が、デリダのこのような議論に対する間接的反論として繰り広げられていると考えることは可能であろう。というのも、バトラーにおいては、「われわれ人民」という言葉が無数の引用の連鎖の中に投げ込まれているという事実は、発話者の意図や発話自体の意味を決定不可能なものにしたり、発話行為の実現の瞬間の果てしない先送りを意味したりしないからだ。同様に、テクストの起草から署名、さらにその公布に要する時間など分割可能な複数のシークエンスを前提とする「宣言」の場合とは異なり、この「われわれ人民」という言表は、発話行為の主体の発話時点での不在を意味することはなく、この主体は現前性を逃れたエクリチュールの効果へと還元されることもない。実のところバトラーは、発話行為に先立つ瞬間にも主体の不在を見ようとはしないだろう。それは、「われわれ人民」という発話に先立ち、人びとが集まるということが既に、一つのパフォーマティヴな政治的主張であると見なされるからである。「自らの存在の複数性を肯定するために集合する諸身体は既に、人民主権の行使と自己=指示のプロセスに参与」していると主張される。

最後に、バトラーにとって集合する複数の身体は、行動のただ中に主体として自らを構成し、政治的主張を体現するとしても、これらの身体は単に自律的な主体が不正の撤廃や、平等の確立などの政治的諸要求を主張するための媒体としてそこにあるのではないということを指摘しておこう。おそらくこの点に政治的主体をあくまでも真理の「身体」と考えるバディウの思考との相違が見られるのだが、バトラーは集合する人びとの自己=指示の行為に、悲しみや怒りなどの情動によって相互に結びつき、依存し合い、脆く傷つきやすい個々の生身の身体が、政治的要求の条件でもある生き延びるための基本的諸欲求を表明するプロセスをも見ようとしていると言えるだろう。

ジョルジュ・ディディ＝ユベルマン　可感的にする

一九九〇年以来、国立社会科学研究院で教鞭をとるディディ＝ユベルマンは、フロイト、ベンヤミン、バタイユ、ヴァールブルクなどの著作から多くの着想を得ながら、精神分析、人類学、現象学の成果を用い美術史学、哲学の領域で多数の著作を発表している。複雑なディディ＝ユベルマンの企てを単純化の危険を冒して要約するなら、イメージを概念に従属させ、視覚によって把握されるものを知性によって認識可能なものへと常に翻訳し、解釈しようとする従来の美術史学の在り方を根本的に問い直そうとするものだと言えるだろうか。また一九九五年の『不定形な類似――ジョルジュ・バタイユによる視覚的喜ばしき知識』では、バタイユが一九二九年から一九三〇年にかけて編集主幹を務めた雑誌『ドキュマン』において、ジャック＝アンドレ・ボワッファール、マン・レイらの写真、図像を多用しながら、人間の想像界における規範的な美、理想的な形象の支配が激しい攻撃の対象となっていたことに注目し、バタイユの概念である「不定形なもの」をあらゆる形態の破壊ではなく、新たな形態の創出、図像学的知の枠組みの革新の試みとして解釈していた。

　本書に収められた論考「可感的にする」では、ピエール・ロザンヴァロンが『非在の民衆』において行なう民衆の定義の批判的検討から議論が進められる。ロザンヴァロンは法学者カール・シュミットが統治の形態を考察するにあたり君主権力へのノスタルジーに囚われ、「ルプレザンタシオン représentation」という語の持つ代表／表象という二つの意味のうち表象を前景化し、民衆を表象に値しない無価値なものとしていることに異を唱え、反対に政治家は民衆を代表し、権限を譲り受けているという点を民主主義の分析の中心に置く。しかしディディ＝ユベルマンは、ロザンヴァロンがその過程で、民衆そのものを内実に乏しい、空疎な情動に駆られた取るに足りない想像的なものとして図式化している点を指摘し、「一時的な融合状態に傾く」民衆は「歴史に存在を刻むことがない」とするロザンヴァロンの解釈に感性的なもの一般に対する軽視を見てとり、そこに反論が加えられて行く。ディディ＝ユベルマンは、情動とはイメージと同様に歴史上に記録されたものであり、ヴァールブルク、ベンヤミンを援用しつつ、情動こそが歴史の読解を可能にすると主張する。それは情動と表象とのあいだに弁証法的関係が存在するからだと言われる。ここで弁証法と呼ばれるのは、通常理解されるように、テーゼとアンチテーゼの対立が両者の総合であるジンテーゼへと乗り越えられる運動ではなく、情動が自らの表現である表象と対立し、その中に緊張や分裂を導き入れ、その表面を傷つけることで、それまで不可視だった新たなイメージを生み出す運動のことであろう。ディディ＝ユベルマンは、民衆についての表象とは、権力の表象の中に弁証法的分割が導き入れられることで可能になると主張し、ベンヤミンが「歴史哲学テーゼ」で喚起する一八三〇年の七月革命の際に広場の大時計を破壊する民衆の姿を、儚く、認識に差し出されると同時に消失する、民衆に未来の解放を約束するイメージの例として示している。この後ディディ＝ユベルマンはベンヤミンに倣い、「抑圧された民衆の伝統」を再発見することが歴史家の真の使命であるとし、こうした歴史家の例として、ミシェル・ド・セルトー、ミシェル・フーコー、アルレット・ファルジュらの名を挙げる。さらにディディ＝ユベルマンは、彼らのように特異な複数性と考えられた身体を歴史の作用を受け、また歴史に働きかけるものと見なすことは、同時に哲学的、人類学的、文学的立場に身を置くことだと解釈し、このように民衆に相応しい歴史的表象を与えようとする知の企てをジャック・ランシエールの著作にも見ようとする。ランシエールのように「感覚的なものの分有」という観点から美学上の表現の革新の試みの中に政治的要請を読み取ろうとすることは、ディディ＝ユベルマン自身が実践する、感性的なものの領域における弁証法の働きを再発見すること、またバタイユ、ベンヤミンによって試みられた歴史的資料としての写真に徴候的なものの作用（ひとつの身振りがある瞬間に突如として、ヒステリーの発作におけるように表象性やそれを支えるコードを喪失すること）を暴き出すことと深い類縁性を持つと考えられているようだ。ここでディディ＝ユベルマンは、民衆が傷つきやすい身体を晒し、苦痛に打ち拉がれ、その情動を伝えながら、彼らの被る政治的抑圧を顕在化させていることに目を見開くべきだと主張している。同時にディディ＝ユベルマンは、感覚的出来事こそが共同体をその歴史的生成において動かすのであり、このように情動と現実が共に展開するのだと述べ、情動に関わるものと現実との随伴性は飽和しており、「（感情）表現に関わるのではない哲学的弁証法」の歴史内部での運動を重視するバディウの立場に異を唱えている。

ディディ＝ユベルマンの指摘は示唆に富むものである。とりわけ、バディウがこれまでほとんど言及したことのないバタイユの思想とバディウ自身の政治・哲学的思考との差異についての間接的な指摘は、多くの研究者にとって非常に刺激的であるだろう。バタイユが『ドキュマン』を通じて行なった情動による表象の引き裂きは、悟性によって認識可能なものを感性的なものの力で揺るがし、これを非‐知へと開くことでもあり、人間についての固定観念を廃棄し、人間と社会との関係を変革するポテンシャルを秘めたものだと言うことができるだろう。バタイユは、『ドキュマン』を通じ徹底したイデアリズム批判を行なったが、この場合イデアとは主に、規範的な美、理想的形象、あらゆる物質性を免れた抽象的な観念という意味で捉えられていた。これに対し、プラトンの善のイデアにもなぞらえられるバディウの真理とは、個別の状況の中に到来する「出来事」の特異性、一回性によって分節化されながらも、その「出来事」の人類にとっての普遍的な価値を担うものであり、この真理は状況に含まれる従来の知の布置に穿たれた穴のようなもので、不変にして究極の観念とは異なっていることに注意すべきであろう。『ドキュマン』に掲載された「低次唯物論とグノーシス」での考察を部分的に引き継ぐ『社会批評』に発表された政治論文、とりわけ資本主義社会のブルジョワジーが体現する同質性やファシズムの強権的異質性に対立するものとして考案された転覆的異質性の概念、さらに極左の政治グループ、コントル・アタックにおいて追求された労働者の無政府主義的国際政治組織創設の試み、「共同体を持たない人びとの共同体」という発想などを仔細に検討し、バディウの考える、「国家の権限を支え、国民として憲法に規定される惰性的集合とは異なった人びとの存在」としての「人民」との距離を測定する作業が残されていると言えるだろう。

最後に、ディディ＝ユベルマンが引用するバディウのテクスト『哲学と政治のあいだの謎めいた関係』のパッセージでは、« conception non expressive de la dialectique philosophique » という言葉は、レーニンやトロツキー、スターリンや毛沢東などの指導者の固有名によって、革命的政治の生成過程全体を象徴的に表現しようとするこれまでの政治理解の在り方への批判として提示されているのであり、論理的な認識や概念に認められた、感性に訴える情動の表現に対する優越性を伝えるものではない。バディウは同じテクストで、非論理的なものを排除するどころか、彼の言う「現実の解放の政治」は法の支配の彼方へと向かう欲望によって推し進められるのであり、今や固有名に代わり、新たな大いなるフィクションを必要としているとさえ語っているのである。

サドリ・キアリ

人民と第三の人民

サドリ・キアリは政治学の博士号を持つチュニジア出身の左翼の政治活動家であり、二〇〇三年以降フランスに移住し、共和国原住民運動（Mouvement des Indigènes de la République）の創始者の一人でもある。『フランスにおける植民地主義的反革命——ド・ゴールからサルコジ』（二〇〇九）を始め多くの著作を発表している。キアリの論考は、民衆の権力回復を目指す政治運動に民族的・文化的マイノリティを排除しない人民の構築を求める点で、バディウやランシエールの議論との明確な連続性を示している。キアリはまず、一般に人は人民とは何かを問うときに、当該の人民に内在する諸特徴、物質的要素、神話などについて考えるが、こうした諸要素は人民の出現可能性の条件を構成するに過ぎず、現実に人民が結晶化するためには、封建貴族、近隣諸国、抑圧的統治者などの、敵対する外部の力が必要であると述べる。そして人民の概念が展開する意味の世界は、国民、市民権／主権、下層階級という三つの概念の連結様態に基づいて構築されているとする。しかし、キアリによれば、人民についての考察はこれら三つの概念に、人種という第四の要素を付け加えなければ未完成に留まる。人民の概念は近代において、植民地支配を通じ人種という概念の社会的生産過程と緊密に結びついた形で発展したとされる。ところでキアリは、フランスには肌の色や出身地、文化に結びついた差別が存在するという理解が数年来一般に共有されていると言う。これらの差別は経済活動、司法、教育、文化など多くの領域において確認され、マグレブ諸国、サハラ以南のアフリカ、海外領土から移住した移民出身の民衆がとりわけこうした差別を受けていると言われる。フランスは、白人でキリスト教徒の家族に出自を持ち、ヨーロッパ諸国出身であるというステータスによって定義された人民の一カテゴリーが特権を享受する社会であるとされる。しかし他方、フランスの国家的イデオロギーが、人民による自国の価値観の普遍化という軸に沿って構築されているため、人種に基づいた差別が隠蔽されている。現実には、白人でヨーロッパ出身のキリスト教徒の家族のもとに生まれる好運に恵まれなかったものは、第三の人民という身分を受け入れるよう強いられている。キアリはまた、フランス人民を構成する制度の集約である「共和国契約」とは、市民権の確立と国民＝国家の優越性を骨組みとする理念であるが、これは植民地支配から生まれた権力関係に沿って、フランス人民、フランス国家などの概念を形成していると言う。キアリの目には、左翼党の創設者であるジャン＝リュック・メランションでさえ、人民の概念と人民主権の概念とを軸に、帝国主義を支えて来た国家主義的パラダイムの再生を目指していると映る。二〇一二年の大統領選挙で「フランス人民の手に権力を」というスローガンを掲げ選挙活動を行なったメランションはその選挙戦を通じ、祖国の概念を絶えず引き合いに出し、国家、三色旗など国家主義のシンボルを前面に押し出していた。メランションは黒人やアラブ人の移民に対して、「共和国契約」の根幹をなす「唯一にして不可分な人民」という理念、その諸規範に同化するよう求めることしかせず、「イスラム恐怖症《イスラモフォビア》」の存在を否定し、世俗性《ライシテ》の擁護を躊躇わない。しかしキアリにとってこの世俗性擁護とは、白人のフランス人を脅かす目障りな宗教を有徴化する道具に過ぎず、信仰を正当な社会的欲求と認めないことにより、黒人、アラブ人、イスラム教徒などの最も不利益を被っている社会階級の大きな一部を政治の領域の外部へと追放することに等しいのだ。最後にキアリは、もしフランスの左翼が白人の大衆階層と移民の大衆階層とのあいだに同盟関係を打ち立て、一にして多なる真の人民の主権確立を構想するなら、左翼が体現すると自認する普遍性が白人の特権を表現するものにほかならないことを理解し、これを打ち壊すべきだと主張する。

ジャック・ランシエール　**不在のポピュリズム**

このテクストは二〇一一年一月三日、日刊紙『リベラシオン』に「否、民衆とは野蛮で無知な群集ではない！（Non, le peuple n'est pas une masse brutale et ignorante !）」というタイトルで掲載されたものだが、本書の刊行に際してランシエールによって部分的に書き直されている。ランシエールはポピュリズムについての考察を既に『民主主義への憎悪』（二〇〇五）で行ない、現代のフランス社会で民主主義が寡頭政的支配を目指す政治家たちによって、公共の利益に無関心な個人主義的な大衆の身勝手な社会要求と理解され、こうした民衆を煽動する政治家の政策にポピュリズムというレッテルが貼られていると指摘していた。「不在のポピュリズム」では、支配的言説が規定するポピュリズムの三つの特徴が挙げられる。それらは、(1)政治家を飛び越え、直接民衆に語りかける話し方、(2)エリートたる政治家は公共の利益より自己の利益を優先しているという主張、(3)外国人排斥の必要の訴え、などである。つまり、「ポピュリズム」という言葉はなんらかの政治勢力を規定するための語ではなく、極右から極左までのさまざまな政治家の姿勢を批判するための道具であり、他方、民衆についてのある種のイメージを描き出すのに役立つ。ランシエールによれば、政治に関わる想像界には単数で考えられた「民衆」は存在しない。領土や血縁を基盤とする民族的「民衆」、牧者に管理される畜群である「民衆」、何ものでもない人びとの権能に実効力を与える民主主義的「民衆」、無知な「民衆」などがあるだけである。そしてポピュリズムの概念は、数のうえでの力という能力と、無知という無能力の組み合わせによって「民衆」のイメージを構築し、ここに人種差別的傾向が付け加えられている。しかしランシエールによれば、民衆は移民や郊外の若者について苦情を言うことがあっても、自発的に人種差別を掲げる示威行動を行なうことはない。こうした人種差別は、資本の循環と人間の移動への制限とのあいだに設けられた均衡を維持するために、国家が実施する入国制限、国外退去命令などの諸措置が、民衆の一部に市民権を得ることを妨げているという事実から帰結するのだ。そしてこれらの諸措置は、国政の機能上の諸原則を規定する「世俗性」を、諸個人の所有する特性であるかのように扱う、左翼知識人たちが作り上げたイデオロギーに支えを見出している。結論としてランシエールは、ポピュリズムという概念も、ポピュリズムの断罪者が名指す「民衆」も幻影に過ぎず、この幻影を振りかざす人びとは、民主主義的な民衆の観念を危険な群集として示すことを目的としていると主張する。

二　「シャルリー・エブド」事件と人民

現在多くの民主主義諸国内で、際限のない資本の巨大化を許し、民衆と富裕層のあいだの経済格差をますます深刻化させている寡頭政的統治は、困窮した民衆の権力を奪い、自らに対するあらゆる抵抗を無力化して行くように見える。また、アメリカ、フランス、ドイツ、日本を始めあらゆる国々で政府は、不満を募らせた一部の市民が人種差別的言動に怒りの捌け口を求めているという事態を前に、一方で新自由主義的グローバリズムを野放しにしながら、経済格差による社会の亀裂を「国民的アイデンティティ」の幻想によって塞ごうと、極右勢力の掲げる野蛮な排外主義を利用している。こうした文脈において、かつてアントニオ・ネグリとマイケル・ハートによって非物質的労働従事者の多様で緩やかなネットワークとして、「帝国」に対する革命的潜在力を託されていた階級横断的なマルチチュード概念は、今や十分な有効性を持たないと考えざるを得ない。「人民」という概念は、日本においても第二次世界大戦後、社会科学、歴史学の領域で「国家の支配者に対する被支配者」という明確な意味を持つものとして広く受け入れられていたが、七〇年代後半以降この語は政治学者や政治家たちによってさえ用いられることがなくなり、今日の若い読者とってはほとんどその意味が捉え難くなってしまっている。現在、この語はせいぜいのところ、「中華人民共和国」、「朝鮮民主主義人民共和国」などの共産主義国の国名を通じ、全体主義的国家の重く、息苦しい統制社会を喚起するに過ぎないのかも知れない。しかし、ルソーの「人民主権」や一九三〇年代の「人民戦線」といった言葉は、こうしたイメージの拘束を受けず、国家や民族などの基盤を必要としない人びとの結びつきの在り方を今も伝えているのではないだろうか。

本書『人民とはなにか?』では、十数年来、一層アトム化され、分散させられ、搾取を受ける非正規雇用の労働者、低所得者、人種的・文化的差別に苦しむ移民たちが、脆く傷つきやすい身体を寄せ合い、「国民」という惰性的集合の内部で「人民」として自らを構成し、自由や平等の獲得を企てることで解放の政治を現実化し得ると主張されている。つまり「人民」とは一方において、国家という枠組みに守られ、「国民的アイデンティティ」

という幻想と引き換えにこれを支えもする「国民」とは異なり、祖国を持たないと考えられた労動者の国際的な結びつきを体現するものであり、他方で、一つの「人民」＝（多様な）主体として、被抑圧者を中核としながら高い凝集力を持つ点で、まとまりや方向性を欠いた雑多な「民衆」とも区別されるのである。

本書の刊行準備を進めていた二〇一五年一月七日、フランスでは大きな事件が社会を震撼させた。イスラム原理主義の過激派組織アル・カイダと繋がりを持つアルジェリア系移民の二人の若者による週刊誌『シャルリー・エブド』襲撃事件である。人びとはそこに移民社会フランスの抱える問題ばかりではなく、西欧民主主義社会を支える普遍的、国民的価値に対する挑戦と攻撃を感じ取った。「人民」という概念の再生に人間の解放の可能性を見ようとする意図と共に、バディウらによって共同執筆された本書は、この「シャルリー・エブド事件」とこれを生み出したフランスの社会・文化的背景を理解するうえで大いに役立つだろう。しかしそれだけではない。『人民とは何か？』が提案する民族的・文化的マイノリティをも統合し得る「人民」の構築は、凄惨なテロ事件を一つの帰結とする、今日全世界を覆っている危機的政治状況を根本から変革する方途でさえあると言えるだろう。

ここで簡単に『シャルリー・エブド』襲撃事件の概要を振り返っておこう。

一月七日、アル・カイダの指令を受けたと主張するクアシ兄弟はパリ一一区にある『シャルリー・エブド』社に侵入し、編集会議中の会議室で自動小銃を乱射し、編集関係者、風刺画家、警官を含む一二名を殺害した。そしてその二日後、クアシ兄弟と連携すべくマリ出身の移民の子であり、ＩＳＩＬへの帰属を表明するアメディ・クリバリは、ユダヤ系食料品店に人質をとって立て籠った。警察の特殊部隊の突入により犯人は射殺されたが、四人の人質も命を落とした。一月八日には早くも犠牲者の追悼集会がフランス各地で行なわれ、参加者の数名は犠牲者との連帯を示すために「私はシャルリー」と書かれたプラカードを掲げていた。一月一一日にはフランス政府の呼びかけにより、テロ行為に抗議し、犠牲者の死を悼むため「共和国大行進」が実施され、フランス全土で三七〇万人の人びとが参加した。

現在フランスに居住する移民の割合は全人口のほぼ二〇％を占めると言われる。そしてパリを始めとした大都市郊外には一九六〇―七〇年代に多くの低所得者用集合住宅が建設されたが、マグレブ諸国、サハラ以南のアフリカなど旧植民地からの移民の多くはこの問題地区と呼ばれる郊外の集合住宅に生活している。彼らの平均月収は移民全体の月収の六〇％ほどしかなく、失業率も二五％に達しているのだ。こうした実態が無視できない社会問題であることは一九八〇年代から歴代政権によって認識されており、冒頭の事件直後の一月二〇日、マニュエル・ヴァルス首相も、「都市周辺部に追いやられた人びとがゲットーを形成し、地域的、社会的、民族的アパルトヘイトがわが国に出現している」と発言し、今回の事件の原因の一部をこの問題の中に見ている。事件の実行犯シェリフ・クアシとサイド・クアシは、幼少期に両親と死別した後、フランス西部のレンヌの孤児院で育てられ、犯行当時、パリ郊外のジュンヌビリエに暮らしていた。クリバリが幼少期を過ごしたパリ南郊外のグリニもまたフランスの最貧地区の一つであり、青少年の非行、犯罪が頻発する街として有名だ。見落とされるべきではないのは、彼らが最初からイスラム原理主義や過激思想に親しんでいたわけではないということだ。移民二世として自らが選んだのではない国に暮らし、文化的・民族的差別と経済的不平等を日々感じて育ったものが、自らのアイデンティティの拠り所を求めてイスラム教に入信するケースは多いと言う。本書の論考でキアリは「信仰を正当な社会的欲求として認めるべきだ」と語っていたが、世俗性を共和国原理の重要な柱として掲げるフランスでは、彼らは憲法によって認められているはずの宗教実践によって、国民的アイデンティティに同化しないものとして二重のスティグマ化を受けるのだ。キアリはこの世俗性を至上原理とすることは、黒人、アラブ人、イスラム教徒を政治の領域の外に追放することに等しいと述べていた。ランシエールもまた、もともと一国家の文化政策上の原則を規定するための概念でしかなかった「世俗性」が、しかじかの共同体に所属することで失うことになる個人の（近代人としての、フランス国民としての）特性のように扱われていると指摘し、この特性を持たない人びとの権利の縮小を正当化するイデオロギーが存在するとしていた。

一月七日のクアシ兄弟による報道機関襲撃事件についてはイエメンのアル・カイダが犯行声明を出しており、クリバリについても二〇〇四年に犯した強盗の罪で服役中にアル・カイダのメンバーと接触があり、イスラム過激思想に感化されていたことが知られている。これらの凶悪な組織犯罪は断固非難されなければならず、実行犯の不幸な生い立ちなどを斟酌する余地はないということは確かである。しかしもう一方で、一部の知識人が行なうように、今回の一連の犯行を、背景にあると仮定されたフランスの共和国原理である世俗性とイスラムという二つの普遍性の衝突によって説明しようとすることは、イスラムと過激主義の混同、国政の在り方としての政教分離と国民の特性の混同を行なうという意味で、事実認識として不正確であるばかりではなく、西欧諸国内で穏健なイスラム教徒とそれ以外の市民とのあいだに修復不可能な分断を生じさせようとするＩＳＩＬなどの過激派組織の思惑に従うことにも繋がりかねない。

知られているように、アル・カイダやＩＳＩＬは、一九七〇年代末にソ連がアフガニスタン侵攻を行なった際に、アメリカがこれに対抗すべく、反共義勇軍に武器や資金の提供を行ない、義勇兵を訓練、育成したことから生まれたと言っても過言ではない。ある時期までアメリカが支持していたアフガニスタンのタリバン政権の庇護のもとウサマビン・ラディンを指導者とするアル・カイダが組織として発展していくなか、一九八九年にやはりアフガニスタンに渡ったヨルダン人のザルカウィが中心となり、ＩＳＩＬの前身となる組織が結成された。その後、二〇〇一年九月一一日の同時多発テロに対する報復戦争をアメリカが企て、イラクにおいて公職を追われた旧サダム・フセイン政権の高官、支持者たちがこの組織に合流したという。さらに、二〇一一年にシリアにおいて、アル・アサド政権に反対する民主化運動が激化し内戦状態に入ると、アメリカを始め西欧諸国はイスラム主義的反政府勢力に対し武器や資金の援助を行い、この一部がＩＳＩＬにも流れたことで今日のような巨大な組織にまで拡大したのだ。そしてＥＵ諸国内部でさまざまな理由で社会から疎外された若者たちやイスラム教徒が、自ら志願してＩＳＩＬに参加するという事態にまで至っている。したがって、一月にフランスで起きたテロ事件は、「表現の自由」に代表される西欧型民主主義社会の普遍原理とイスラムとの対立の帰結として整理し得るものではなく、石油をめぐる利権や武器輸出の拡大、国際政治上の覇権の確立を目的として行なわれる西欧諸国による中東への軍事介入政策、西欧諸国内部の文化・社会政策の歪みという側面を考慮せずには理解不可能なものなのだ。この点についてスラヴォイ・ジジェクは、「最悪の者らは本当に強烈な情熱に満ち満ちているのか？」において、所謂原理主義と西欧リベラリズムとの対立が実際には偽の対立であるとし、真の信仰心を欠き西欧の快楽主義に心を惑わされたテロリストたちは、困窮した中東の民衆を救う代わりに封建的勢力と手を結ぶ西欧諸国の政治に内包される欠如、リベラルな左翼的信念の欠如への反動として生み出されていると解釈している。「パリの殺害を受けて思考するということは、〔…〕リベラルな寛容さと原理主義の衝突が究極的には誤った衝突――互いを生み出し、互いを前提とする二極の悪循環――であるということを認めることである」。ジジェクの解釈は極めて的確に状況を把握したものだと言える。

「シャルリー・エブド」襲撃事件から四日後、フランスではオランド大統領の呼びかけのもと「共和国大行進」が組織され、三七〇万人の市民がデモに参加した。首相府は大規模なデモの実施に際し、当初一部の市民が用いていた「私はシャルリー」という言葉をスローガンとして採択することを決定した。デモには、イギリスのキャメロン首相、ドイツのメルケル首相、イスラエルのネタニヤフ首相を始め多くの国々の首脳が招かれたことは日本でも報道され、注目を集めた。ノーベル賞作家のルクレジオはデモに参加した娘への手紙を一月一四日に日刊紙『ル・モンド』に発表し、三人のテロ実行犯を生み出したフランスという民主主義社会を蝕む病を癒し、ゲットーの囲いを壊す必要を述べた後で、次のように語っている。「〔…〕この奇跡のような瞬間に、社会階層や出自という垣根、信仰の違いや人びとを隔てる壁はもはや存在しなかった。そこには、多様にして唯一、さまざまでありながらひとつの心で脈打つ、たったひとつのフランス人民が存在するだけだった」。ルクレジオの言葉は美しく、感動的である。しかし、この空前の規模で繰り広げられた「共和国大行進」は、唯一にして多様なフランス人民を出現させたのだろうか。ルクレジオは何故か、多くのメディアによっていち早く取り上げられた、フランス政府はもちろん、フランス内外のさまざまな政治家がこのデモを、自由の擁護者として自らを誇示するために利用しようとしたという事実には触れようとしていない。ガザへの攻撃で多くのパレスチナ人の犠牲者を出しているネタニヤフはもちろん、自国では報道の自由の抑圧を辞さない多くの首脳が参加するデモを、民衆によって自発的に組織されたものと見なすことが出来るだろうか。大行進の直後、ヴァルス首相はフランスがテロとの戦争に突入したと宣言し、シリアに対する空爆の継続が決定されたということも忘れられるべきではないだろう。

一月七日に襲撃されたのが報道機関であり、クアシ兄弟は『シャルリー・エブド』に幾度も掲載されたムハンマドについての風刺画が、彼らの信じる宗教を冒瀆していると表明していたこともあり、一一日のデモには、犠牲者への哀悼という意味と同時に表現の自由の抑圧に対する抗議という性格が付与されていたと解釈できる。「私はシャルリー」というスローガンにはこれら二つの思いが託されていたのだろう。ところで、これらの風刺画には下品で猥褻なものが多かったことも事実であり、エチエンヌ・バリバールを始め幾人かの知識人は『シャルリー・エブド』の行き過ぎを指摘した。「共和国大行進」の実現に、誰に後押しされたのでもない民衆自身の力の発現を見ようとする人びとは、民衆を動かしていたのはテロという暴力への怒りなのであって、「私はシャルリー」というスローガンも風刺画への共感を示すものではなかったと語っている。しかし、少なくともテロに続く数日のあいだ、風刺画の内容を問題視する声は直ちにテロ行為を正当化するとの批判にかき消されかねなかったという事実をどう考えるべきだろうか。しばしばこうした批判は、風刺画はイスラム過激組織を挑発するものではあったが、イスラム教そのものを揶揄するものではなかったと主張するが、これは不正確な主張だと言わなければならない。武装勢力とは何の関係もなく、予言者ムハンマドが性的な悪ふざけの対象となっている風刺画は幾つも存在するのであり、これらは明らかに穏健なイスラム教徒をも嘲笑する意図で描かれている。それゆえ、穏健なイスラム教徒はテロを公然と断罪しながらも、彼らにとって「私はシャルリー」などと口にすることは不可能だったのであり、彼らが「共和国大行進」への参加を呼びかけられているとは感じられなかったと語っているのだ。一九九二年から二〇〇一年まで『シャルリー・エブド』で働いていたジャーナリスト、オリヴィエ・シランは今回の事件の二年前に既に、「九・一一」以降、雑誌の編集方針に明らかな変更が見られ、編集者は「イスラム恐怖症《イスラモフォビア》」に取り憑かれたようだったと証言している。

一月一一日のデモが信仰や人種の違いなどを超えて民衆の連帯を実現したと主張する人びとは、デモ参加者のすべてが「私はシャルリー」と叫んでいた訳ではなく、「私はアフメド（テロの犠牲となったイスラム教徒の警官）」、「私は警察官」などのプラカードも目についたと証言するだろう。事実、歴史家ソフィー・ヴァニッシュは、アラン・バディウとの対談「殺戮の後で」において、「共和国大行進」がアイデンティティの回復を求める社会的雰囲気を醸成したとするバディウにこのような反論を向けている。しかし、おそらくバディウが問題としているのは、一月七日のテロ事件以来誰もが、何かに対抗しようとするかのように「私は…である」と言わずにはいられない奇妙な衝迫に駆られていたということではないだろうか。バディウは一月二七日に『ル・モンド』に掲載された論説「赤旗とトリコロール」で次のように語っている。「こうした犯行は、強力で不意を突く効果と共に常軌を逸することによって、恐怖を生み出し、国家と世論の側に制御不能な、復讐心から生まれる対抗アイデンティティにすっかり閉じこもった反応を煽ることを狙っている。そうした反応が、犯罪者とその指導者にとっては、事後的に対をなすようにして、自らの残虐な行為を正当化してくれる。この意味で今回のファシズム型犯行はある種の勝利を達成したのである」。政府の呼びかけの下、犠牲者を殉教者に祭り上げ、セキュリティの回復を求める大規模デモは、反動的な主体のシュミラークルの出現を許し、革新的政治主体の生成を覆い隠そうとするかのようだ。事実、「共和国大行進」は排外的愛国主義を掲げる極右勢力の伸長を阻止するだろうとする一部知識人の楽観的予測に反し、事件から二カ月後、人種差別的言動を繰り返す極右政党国民戦線（FN）はその支持層を急激に拡大させている。それでは、ジジェクによれば「互いを生み出し、互いを前提とする」二極間の悪循環のようなこうした偽の対立関係からどのように抜け出すことが可能なのだろうか。「ラディカルな左翼による同志愛こそ」が、原理主義者を自称するテロリストを打ち負かすだろうとジジェクは述べている。おそらくそれは、アイデンティティを求めるのとは異なった他者との結びつきを、国境を越えて実践することによって可能になるのだろう。惰性的集合体である国民に非在だと見なされている文化的・民族的マイノリティ、経済的弱者、郊外に隔離され希望を失った若者たちを支えとして世界規模で解放の政治を組織し、現行の国家の彼方に「人民」を構築することによって、「私はシャルリー」のプラカードを捨て、他者との可変的で自由な連帯を望み、「われわれ人民」と語ることによってなのではないだろうか。

最後に、本書のテーマについてしばしば長時間に亘る議論に応じて頂き、訳者の拙い解釈に辛抱強く耳を傾け、さまざまな助言を与えて下さった以文社の社主勝股光政氏に、この場を借りて感謝の意を表したい。

二〇一五年三月　　　　　　　　　　　　市川　崇

著者紹介

アラン・バディウ（Alain Badiou）
1937年生まれ．現代フランスを代表する哲学者，作家．国立高等師範学校フランス現代哲学国際研究センター所長．著書に『ドゥルーズ——存在の喧騒』（河出書房新社）『哲学宣言』（藤原書店）『コミュニズムの仮説』（水声社）などがある．

ピエール・ブルデュー (Pierre Bourdieu)
（1930-2002）社会学者．アルジェ大学，国立社会科学高等研究院を経てコレージュ・ド・フランス教授．著書に『ディスタンクシオン』（藤原書店）『芸術の規則』（藤原書店）『遺産相続者たち——学生と文化』（藤原書店）などがある．

ジュディス・バトラー（Judith Butler）
1956年生まれ．カリフォルニア大学バークレー校．修辞学・比較文学教授．哲学専攻．主な著書に『ジェンダー・トラブル——フェミニズムとアイデンティティの攪乱』（青土社）『触発する言葉—言語・権力・行為体』（岩波書店）『生のあやうさ—哀悼と暴力の政治学』以文社）など．

ジョルジュ・ディディ＝ユベルマン (Georges Didi-Huberman)
1953年生まれ．美術史家、哲学者．国立社会科学高等研究院准教授．著書に『イメージの前で——美術史の目的への問い』（法政大学出版局）『残存するイメージ——アヴィ・ヴァールブルクによる美術史と幽霊たちの時間』（人文書院）『時間の前で——美術史とイメージのアナクロニズム』（法政大学出版局）などがある．

サドリ・キアリ (Sadri Khiari)
1958年生まれ．政治学博士．共和国原住民運動（MIR）の創設者．著書に *La Contre-révolution coloniale en France : de De Gaulle à Sarkozy*, 2004（『フランスにおける植民地主義的反革命——ド・ゴールからサルコジ』未邦訳）などがある．

ジャック・ランシエール (Jacques Rancière)
1940年生まれ．哲学者．パリ第8大学名誉教授．著書に『不和あるいは了解なき了解』（インスクリプト）『民主主義への憎悪』（インスクリプト）『平等の方法』（航思社）などがある。

訳者紹介
市川　崇（いちかわ　たかし）
1962 年，大阪に生まれる．1997 年パリ第 7 大学博士課程修了．現在，慶應義塾大学部文学部教授．
著書に L'opération fictive et la conception du sujet chez Goerges Bataille（博士論文）のほか，『ユートピアの文学世界』（2008 年）『フランス文学をひらく』（2010 年，ともに共著，慶應義塾大学出版会）など．
訳書に，アラン・バディウ＋ニコラ・トリュオング『愛の世紀』（2012 年）アラン・バディウ『コミュニズムの仮説』（2013 年，共に水声社）がある．

人民とはなにか？　*Qu'est-ce qu'un peuple?*

2015 年 5 月 10 日　初版第 1 刷発行

著　者　アラン・バディウ , ピエール・ブルデュー
ジュディス・バトラー
ジョルジュ・ディディ＝ユベルマン
サドリ・キアリ , ジャック・ランシエール

訳　者　市川　崇

発行者　勝股光政

発行所　以文社
〒 101-0051 東京都千代田区神田神保町 2-12
TEL 03-6272-6536　FAX 03-6272-6538
http://www.ibunsha.co.jp/
印刷・製本：シナノ書籍印刷

ISBN978-4-7531-0325-6